JÜDISCHER ALMANACH

der Leo Baeck Institute

מכון ליאו בק ירושלים
לתולדות יהודי גרמניה ותרבותם

Natur

Erkundungen aus der jüdischen Welt

Herausgegeben von Gisela Dachs
im Auftrag des
Leo Baeck Instituts Jerusalem

SUHRKAMP VERLAG
JÜDISCHER VERLAG

Gefördert durch:
Stiftung Irene Bollag-Herzheimer, Basel
Im Dialog. Evangelischer Arbeitskreis für das christlich-jüdische Gespräch
in Hessen und Nassau
Heinrich-Böll-Stiftung Tel Aviv

Bundesministerium
des Innern

aufgrund eines Beschlusses
des Deutschen Bundestages

Redaktionelle Beratung: Irene Aue-Ben-David und Na'ama Sheffi
Umschlagfoto: Eran Lederman

Das Leo Baeck Institut (LBI) ist benannt nach der Symbolfigur der deutschen Judenheit im 20. Jahrhundert und besitzt Zentren in New York, London und Jerusalem sowie eine Wissenschaftliche Arbeitsgemeinschaft in Deutschland. Es wurde 1955 in Jerusalem gegründet, um die Geschichte und Kultur des deutschen und zentraleuropäischen Judentums zu erforschen und zu dokumentieren.

Seit 1993 gibt das Leo Baeck Institut Jerusalem den Jüdischen Almanach heraus. Dies knüpft an eine alte Tradition an, die durch den Nationalsozialismus gewaltsam abgeschnitten wurde. Erstmals erschien ein *Jüdischer Almanach* im Jahre 1902.

Leo Baeck Institute:
Jerusalem: 33 Bustenai Street, Jerusalem 9322928, Israel; www.leobaeck.org
London: 2nd Floor, Arts Two Building, Queen Mary University of London, Mile End Road, London E1 4NS, UK; www.leobaeck.co.uk
New York: 15 West 16th Street, New York, NY 10011, USA; www.lbi.org
Freunde und Förderer des LBI: Liebigstr. 34, 60323 Frankfurt am Main

Erste Auflage 2021

Umschlagfoto: Eran Lederman
Umschlaggestaltung: Rothfos & Gabler, Hamburg
Satz: Satz-Offizin Hümmer GmbH, Waldbüttelbrunn
Druck: Pustet, Regensburg
ISBN 978-3-633-54313-7

INHALT

ZU DIESEM ALMANACH

»Denn der Jud und die Natur, das ist zweierlei, immer noch.«
Paul Celan

Der vorliegende Almanach versucht eine Annäherung an ein sensibles Thema, denn in den zweitausend Jahren der Diaspora wurden Juden vielfach als wurzellos und entfremdet von der Natur beschrieben. Das Bild vom großstädtischen Juden gehört dabei zu den gängigen Stereotypen deutsch-jüdischer Geschichte. Wobei Juden selbst ihren Teil zu seiner Entstehung beigetragen haben. In seinem Eröffnungsbeitrag über dieses ambivalente Verhältnis erinnert Michael Brenner an Friedrich Torberg, der den Spruch von Rudi Thomas, dem stellvertretenden Chefredakteur des *Prager Tagblatts*, unvergesslich gemacht hat: »Was die Natur betrifft, genügt mir der Schnittlauch auf der Suppe.« Doch dies, so Brenner, könne nicht verdecken, dass Juden noch hundert Jahre vorher vor allem in Dörfern und Kleinstädten gelebt hatten und dass auch während der Weimarer Republik Großstadtkritik und Naturbegeisterung unter den deutschen Juden stark ausgeprägt waren. Über Verwurzelungsdebatten, zum Teil auch als Antwort auf antisemitische Räsonnements, schreibt im Anschluss Nicolas Berg. Sein Beitrag geht dabei auf Elementarbilder und Naturmetaphern ein, wie sie in den jüdischen Quellen des 19. und frühen 20. Jahrhunderts häufig anzutreffen sind. Zu jenen wiederum ganz konkreten geografischen Orten, die bis heute eine große Anziehungskraft ausüben, gehören die Alpen.

Die Juden der Jahrhundertwende seien »alle ständig in den Zerklüftungen« gewesen, erzählt Robert Schindel in einem Essay über deren Liebe zu den Bergen. Seine eigene hat er erst spät – im österreichischen Altaussee – entdeckt, Jahre nachdem seine Eltern ihn als Kind zu seinem Glück hatten zwingen wollen. Im August 1959 entstand Paul Celans *Gespräch im Gebirg*, eines seiner wenigen Prosawerke. Es beschreibt eine versäumte Begegnung in den Schweizer Alpen mit Theodor W. Adorno. Arnd Bohm versucht zu entschlüsseln, was uns der Dichter mit seiner kryptischen Erzählung vor dem Hintergrund der Berge sagen wollte. Die Schweizer Alpen sind seit Jahren auch ein beliebtes Ausflugsziel orthodoxer Juden. Patricia Schon ist mit dem Fotografen Michael Melcer zu ihnen nach Davos gereist, um zu verstehen, warum es an manchen Wochenenden tausende von ihnen dorthin zieht. Danach führt uns Julian Voloj auf die andere Seite des Atlantiks und erzählt von den Catskills, einem Naherholungsgebiet im Bundesstaat New York, wohin viele Manhattaner Juden – auch oder besonders – im vorigen Corona-Jahr in die Natur entflohen waren.

Die zentralen Lehren des Judentums enthalten eine Vielzahl von Weisungen und Geboten, die sich direkt oder indirekt mit dem Verhältnis des Menschen zu Umwelt und Natur beschäftigen. Auf diese Traditionen, die auch die Gestaltung des neuen jüdischen Gartens in Berlin-Marzahn mitgeprägt haben, geht Yael Kupferberg in ihrem Beitrag ein. Dass in jüdischen Quellen die Rede davon ist, »sich die Erde untertan« zu machen, hat immer wieder Fragen aufgeworfen, wobei dies nichts anderes bedeuten soll, als dass der Mensch die Erde gebrauchen, aber nicht missbrauchen darf. Mit den ökologischen Aspekten der Schöpfungsgeschichte und der Frage, wie sich diese mit dem 21. Jahrhundert in Einklang bringen lassen, beschäftigt sich Jeremy Benstein. Ellen Pres-

ser richtet danach den Fokus auf Tiere, die ja ebenfalls Teil der Natur sind und auch in der Bibel zahlreich vorkommen.
Szenenwechsel nach Israel. Die hebräische Kultur im frühen 20. Jahrhundert verband die Rückkehr der Juden in ihr Mutterland mit der Rückkehr zur Natur. Von Kindheit an gestaltete und befruchtete die Natur auch die Gedankenwelt von Aharon David Gordon. Über die frühe ökologische Weitsicht des berühmten zionistischen Denkers und Träumers, nach dem in Israel viele Straßen benannt sind, schreibt Yuval Jobani. Anschließend würdigt Tal Alon-Mozes mit einem Porträt von Chaim Latte eine weitere Figur, die das Land mitgeprägt hat, auch wenn deren Name kaum bekannt ist. Der Gärtner, Landschaftsarchitekt, Ausbilder und Autor, der in den 1920er Jahren aus Deutschland in das damalige Palästina übersiedelte, hat bis zu seinem Tod 1988 die Gestaltung von Gärten und Landschaft wesentlich beeinflusst. Dabei wandelte sich seine modernistische Auffassung, die den Menschen in den Mittelpunkt stellte, zu einer, die den Menschen als Teil der ihn umgebenden Landschaft betrachtete.
Zur israelischen Landschaft gehört unweigerlich auch das Meer, genauer das blaue Mittelmeer. Avirama Golan versucht in ihrem Essay die Frage zu beantworten, ob allein die Geografie Israel damit auch schon zu einem mediterranen Land macht, das im westlichen Bewusstsein ja noch mit einer ganzen Reihe anderer Merkmale assoziiert wird. Als die ersten zionistischen Pioniere ins Land kamen, trafen sie auf viel Sand und Wüste, die man zum Blühen zu bringen gedachte. In ihrem Beitrag untersucht Yael Zerubavel die vielfältigen und teils widersprüchlichen Bedeutungen der Wüste in der hebräischen Kultur, von den späten Jahren des Osmanischen Reiches über die britische Mandatszeit bis zur Staatsgründung 1948 und weiter bis heute.

Die Fruchtbarkeit der Erde zu würdigen, lernen die Kinder heute schon früh, wenn sie am Neujahrsfest der Bäume, also an Tu Bischwat, mit ihren Schulklassen ausziehen, um Samen zu setzen und Stecklinge einzupflanzen. Hizky Shoham erzählt, dass diese inzwischen fest verankerte Tradition eigentlich von christlichen Bräuchen im amerikanischen Nebraska inspiriert wurde. Relativ spät – erst 1964 – war es in Israel zur Verabschiedung eines »Gesetzes über die Nationalparks und Naturschutzgebiete« gekommen, das Hula-Reservat wurde damals feierlich als erstes Gebiet ausgewählt. Netta Ahituv erzählt, wie sich der Park zu einer der weltweit wichtigsten Vogelbeobachtungsstationen entwickelt hat. Über die ideologische Bedeutung einer bestimmten Baumsorte, der Kiefer, reflektiert Irus Braverman anschließend in ihrem Beitrag über den Jüdischen Nationalfond Israels, dessen berühmte blaue Büchse für die Aufforstung des Landes steht. Die Bedeutung typischer Bilder heimischer Landschaften und Natur für das zionistische Aufbauwerk erkannte der Ausschuss für Banknoten und Münzen der Israelischen Zentralbank bereits bei seinem ersten Zusammentreten im Herbst 1955. Na'ama Sheffi und Anat First beschreiben, wie Fauna und Flora über die Jahre ihren Weg auf verschiedene Zahlungsmittel fanden. Für die Pflanzen, Blumen und anderen Gewächse begeistert sich auch Uriel Kashi – aus der Perspektive eines Reiseführers. In seinem Beitrag erzählt er von der außergewöhnlichen Sortenvielfalt, wie sie in Israel anzutreffen ist. Um die Bandbreite an Klimazonen und Bodensorten ebenso wie um die Möglichkeit, in zwei bis drei Stunden von Wald zu Wüste, von Schnee zu Sand, von der Höhe zur Tiefe zu gelangen, weil Israel an der Schnittstelle dreier Kontinente liegt, geht es anschließend in Meir Shalevs Essay über den Wechsel der Jahreszeiten.

Für immer mehr Israelis sind die heimischen Landschaften in den letzten Jahren auch zum Rückzugsraum geworden. Sie wandern auf dem Israel-Trail, der über rund tausend Kilometer vom Norden bis in den Süden durchs Land verläuft. Tamar Hermann erzählt die Biografie dieses Weges, der Abschirmung verspricht, weitab von dem alltäglichen »soziopolitischen Lärm«. Eine andere Art von Abgeschiedenheit suchen wiederum die Breslaver Chassidim, wenn sie sich zur »Isolierung« auf einen Stuhl in den israelischen Wäldern setzen. Eine Ausstellung im Jerusalemer Israel Museum widmete sich diesem Brauch, kurz bevor das Coronavirus dann die gesamte Bevölkerung in die Isolation schickte. Die Kuratoren erzählen von ihrer Ausstellung und den ungewöhnlichen Umständen, die dazu geführt haben, dass die Besucher vor und nach der Pandemie nicht mehr dieselben waren.

Das Bild auf dem Umschlag, aufgenommen von Eran Lederman, ist der Ausstellung entnommen.

Gisela Dachs
Jerusalem / Tel Aviv

MICHAEL BRENNER
DEUTSCH-JÜDISCHE LANDSCHAFTEN

Das Bild vom naturfernen, großstädtischen Juden gehört zu den gängigen Stereotypen deutsch-jüdischer Geschichte. Deutschsprachige Juden haben selbst ihren Teil zu seiner Entstehung beigetragen. Friedrich Torberg hat den Spruch von Rudi Thomas, dem stellvertretenden Chefredakteur des *Prager Tagblatts*, »Was die Natur betrifft, genügt mir der Schnittlauch auf der Suppe«, unvergesslich gemacht.[1] Und in einem seiner frühen Filme spielte Ernst Lubitsch jenen »Meyer aus Berlin«, der sich, in bayerische Trachten verkleidet, zu einem Ausflug in die Alpen aufmacht, doch statt Berggipfeln lieber Frauenherzen erobert. Mit unverkennbar jüdischer Physiognomie ausgestattet ist Salli Meyer, der Großstädter par excellence, der in der Berglandschaft eine urkomische Figur abgibt. Für das Publikum, das 1919 noch unbeschwert über den von einem jüdischen Regisseur mit allen antisemitischen Klischees gezeichneten Protagonisten lachen konnte, war die Botschaft des Films klar verständlich: Ein großstädtischer Jude passt in die Natur wie die Faust aufs Auge.[2]

Die Fakten schienen den gängigen Bildern vom Großstadtjuden Recht zu geben. Um 1930 lebte fast jeder dritte deutsche Jude in Berlin und jeder zweite in einer der sieben größten Städte des Reichs. In Österreich wohnten gar 90 Prozent der jüdischen Bevölkerung in der Hauptstadt Wien. Unverkennbar waren die deutschsprachigen Juden eine mittelständische urbane Gesellschaft geworden. Doch kann dies nicht verdecken, dass sie noch hundert Jahre vorher vor allem in

Dörfern und Kleinstädten gelebt hatten und dass auch während der Weimarer Republik Großstadtkritik und Naturbegeisterung unter den deutschen Juden ausgeprägt waren. Im 19. Jahrhundert waren deutsche Juden allein schon durch ihre Lebensweise sehr eng mit der Natur ihrer Umgebung verbunden. Die Viehhändler kannten nicht nur die Tiere ihrer unmittelbaren Umgebung, sondern waren auch mit der sie umgebenden Landschaft vertraut. Sie besuchten zahlreiche Nachbarorte, um ihre Geschäfte durchzuführen. Wie die Bauern erledigten auch sie einen Großteil ihrer Arbeit im Freien. Die Hausierer zogen während der Woche über Land und kehrten nur am Schabbat zu ihrer Familie zurück. Dabei lernten sie die Natur oft anders kennen als ihre christlichen Nachbarn. Auf sogenannten Judenwegen bewegten sie sich abseits der allgemeinen Verkehrswege durch wenig frequentierte Wälder, Äcker und Wiesen.[3] Ab dem 16. Jahrhundert besitzen wir Zeugnis von speziellen Judenwegen; allein in Bayern konnten über 300 solcher Wege ermittelt werden. Besonders in Gebieten mit zahlreichen jüdischen Gemeinden, wie in Unterfranken, findet man sie häufig. Was sie gemeinsam haben, ist die Tatsache, dass es sich um kleinere, nicht befahrbare Pfade handelte, die an den Ortschaften vorbeiführten und zudem gleichzeitig als Wege zu den meist abgelegenen jüdischen Friedhöfen dienten. Manchmal waren auch Schabbeswege darunter – halachisch erlaubte Wegstrecken für den Schabbatspaziergang[4], die die Eruwgrenze von 1000 Ellen nicht überschritten. Häufig dienten diese Wege auch der Umgehung der Zollstätten für den teilweise noch bis zu Beginn des 19. Jahrhunderts von Juden zu zahlenden Leibzoll, wenn sie die Grenzen eines Territoriums überschritten. Zudem wollte man damit auch den Gefahren von Übergriffen ausweichen, die auf den stark befahrenen Straßen auf Juden warteten. In jedem

Fall zeigen die Judenwege ein enges Verhältnis zur und eine hervorragende Kenntnis der natürlichen Umgebung, in der sie während der Frühen Neuzeit lebten.
Das ländliche Leben im südwestdeutschen Raum erhielt seinen bekanntesten literarischen Ausdruck in den *Schwarzwälder Dorfgeschichten* von Berthold Auerbach. Kein anderer deutschsprachiger Autor hat mit dem Genre der Dorfgeschichten in der Mitte des 19. Jahrhunderts so viel Erfolg gehabt wie der aus dem schwäbischen Nordstetten stammende jüdische Schriftsteller. Das Dorf und seine natürliche Umgebung sind die Bühne für zahlreiche Erzählungen über seine christlichen und gelegentlich auch jüdischen Bewohner.
Doch nicht nur für die im ländlichen Raum aufgewachsenen Juden spielte die deutsche Landschaft eine wichtige Rolle. Der aus Düsseldorf stammende Heinrich Heine, gewiss ein Stadtmensch, setzte als Student in Göttingen dieser Natur in seinen *Reisebildern* vom Harz bis an die Nordsee ein unvergleichliches Denkmal. Die *Harzreise* begründete seinen literarischen Erfolg und ist voller Landschafts- und Naturbeschreibungen wie dieser zu Anfang seiner Wanderung von Göttingen zum Brocken:

Die Berge wurden hier noch steiler, die Tannenwälder wogten unten wie ein grünes Meer, und am blauen Himmel oben schifften die weißen Wolken. Die Wildheit der Gegend war durch ihre Einheit und Einfachheit gleichsam gezähmt. Wie ein guter Dichter liebt die Natur keine schroffen Übergänge. Die Wolken, so bizarr gestaltet sie auch zuweilen erscheinen, tragen ein weißes oder doch ein mildes, mit dem blauen Himmel und der grünen Erde harmonisch korrespondierendes Kolorit, so daß alle Farben einer Gegend wie leise Musik in einander schmelzen, und jeder Naturanblick krampfstillend und gemütberuhigend wirkt.

Gegen Ende dann beschreibt Heine seine Gefühlslage inmitten der blühenden Natur: »Unendlich selig ist das Gefühl, wenn die Erscheinungswelt mit unserer Gemütswelt zusammenrinnt, und grüne Bäume, Gedanken, Vögelgesang, Wehmut, Himmelsbläue, Erinnerung und Kräuterduft sich in süßen Arabesken verschlingen.«[5]
Kaum ein anderes Gedicht über ein deutsches Naturdenkmal ist jemals so populär geworden wie Heines »Märchen aus alten Zeiten« über den Schieferfelsen Loreley am Rheinufer. Als er dann viele Jahre später aus dem französischen Exil zu Besuch nach Deutschland zurückkehrt, ergreift ihn in der vertrauten Landschaft trotz der politischen Missstände ein besonderes Heimatgefühl:

> Seit ich auf deutsche Erde trat
> Durchströmen mich Zaubersäfte –
> Der Riese hat wieder die Mutter berührt,
> Und es wuchsen ihm neu die Kräfte.

Bei aller Liebe zur deutschen Landschaft: Heine hätte sich wohl kaum ein Spottgedicht auf jene Nachgeborenen erspart, die zu Beginn des 20. Jahrhunderts ihre politischen Gesinnungen mit ihrer Wanderlust verbanden. Die deutsche Jugendbewegung vereinte ihre Liebe zur Natur mit einem erstarkten Nationalgefühl und einem zunehmenden Antisemitismus. So entstanden auch jüdische Jugendbewegungen, deren Aktivitäten sich freilich wenig von dem Wandervogel und ähnlichen Organisationen unterschieden. Auch die Zionisten schufen mit dem Jugendbund Blau-Weiß eine Organisation, die das Wandern zur Ideologie stilisierte. Einer ihrer führenden Funktionäre, Moses Calvary, betonte in einem Referat auf dem Blau-Weiß-Tag 1916:

Gegenüber der jüdischen Zweckbestimmtheit bildet ein wundervolles Gegengewicht die Ungebundenheit des Wanderns, die sich in freier Lust der Schönheit der Natur ergibt; die im Umherstreifen in Wald und Feld reine Jugendfreude erzielt. Der Hang zu reiner Theorie kann im Wandern gemildert werden, das notwendig das Gefühlsmäßige und Willensmäßige in den jungen Menschen entwickelt. Es erzieht die Sinne zu geschärftem Sehen und Hören, es ergreift das Gefühl in der Schönheit der Natur, es entwickelt die freiwillige Unterordnung unter die Forderungen der Gemeinschaft und erzwingt lebendige Aktivität gegenüber dem Zwang einer augenblicklichen Lage. So dient das Wandern der Regeneration des einzelnen Juden [...]; wir wandern zu dem Zwecke, das jüdische Gemeinschaftsgefühl zu vertiefen, wir wandern, um die Juden tüchtig und kräftig zu machen, damit wir in ihnen später wertvolle Menschen innerhalb der jüdischen Gemeinschaft haben.[6]

Heine lebte zu dieser Zeit nicht mehr. Aber an seiner statt ließ sich ein junger Gerhard Scholem an der jüdischen Jugendbewegung und ihrer Liebe zur deutschen Natur aus, die einer ganzheitlichen Umorientierung der Werte und der Auswanderung nach Palästina im Weg stehe und die aus seiner Sicht nur als Vorwand für das Ausharren in der gewohnten Umgebung diente.[7]
Die Idealisierung der Natur und die damit einhergehende Romantisierung der verschwindenden Landgemeinden war aber nicht nur Sache der Jugendbewegten, sondern drang in die führenden Kreise des deutsch-jüdischen Establishments ein. Der selbst im kleinstädtisch-traditionellen jüdischen Milieu des Posen'schen Städtchens Lissa aufgewachsene Rabbiner Leo Baeck kritisierte von der Metropole Berlin aus in seinem Essay »Gemeinde in der Großstadt« die Entfernung von der Natur und der »bäuerlichen Bodengemeinschaft«: »Aus dem baal habbajis ist in der Großgemeinde

der Steuerzahler geworden. Das Persönliche wird durch das Statistische zurückgedrängt und schließlich ersetzt«, schreibt er hier ganz im Sinne einer neoromantischen Kritik an der Moderne, die zahlreiche Juden und Christen teilten.[8]
Um dem Vorwurf des wurzellosen Großstädters zu entgegnen, hatten deutsche Juden bereits im 19. Jahrhundert mehrere Einrichtungen gegründet, um ihre Nähe zum Boden und zu landwirtschaftlichen Berufen auszudrücken. Darunter waren die 1893 begründete Israelitische Gartenbauschule Ahlem bei Hannover und der 1898 ins Leben gerufene »Verein zur Förderung der Bodenkultur unter den Juden in Deutschland«.[9] Nach dem Ersten Weltkrieg trieben die deutschen Zionisten auf dem Lande die Einrichtung von Hachschara-Lehrgütern voran, die Auswanderungswillige auf die Landarbeit in Palästina vorbereiten sollten, allerdings erst nach 1933 die breiteren Massen erreichten. Der Reichsbund jüdischer Frontsoldaten konzipierte in den zwanziger Jahren mehrere landwirtschaftliche Projekte für die an den deutschen Boden gebundenen nationaldeutschen Juden, erreichte damit trotz großer Anstrengungen zunächst ebenso nur begrenzte Erfolge.[10]
Wenn die deutschen Juden sich nicht zur Berufsumsiedlung und zum Leben auf landwirtschaftlichen Gütern entschließen konnten, so waren sie sich doch in ihrer Verbundenheit zur heimatlichen Landschaft einig. Die Berliner Juden liebten den märkischen Sand und die Ostsee, die bayerischen Juden ihre Seen und Berge. Wie in vielen anderen Angelegenheiten, stießen sie auch hier unter der nichtjüdischen Bevölkerung nicht immer auf Gegenliebe. So wie im Wandervogel bereits vor dem Ersten Weltkrieg antisemitische Tendenzen sichtbar geworden waren, so schloss der Alpenverein 1924 seine jüdischen Mitglieder aus. Nun konnten die deutschen Juden nicht mehr in den Berghütten des Al-

penvereins übernachten, genauso wie die jüdischen Sommerfrischler in Österreich oft vor verschlossenen Türen in antisemitisch geführten Kurbetrieben standen. Was die Seebäder betraf, so gab es hier ebenfalls dezidiert antisemitische Inseln wie Borkum, während die Nachbarinsel Norderney ein beliebtes jüdisches Reiseziel war.[11] Auch die deutsche Landschaft schien eingeteilt in abweisende und willkommen heißende Segmente.

Der schon im 19. Jahrhundert einsetzende Kurbäderantisemitismus und die antisemitische Politik des Alpenvereins bildeten das Vorspiel für den allgemeinen Ausschluss vom gesellschaftlichen Leben nach 1933. Die Nationalsozialisten legten besonderen Wert darauf, die Juden von der von ihnen verklärten »deutschen Scholle« fernzuhalten. Sie definierten nun in ihrer rassistischen Auslegung des Naturschutzes Wald und Wiese als arisch und malten die Gefahr an die Wand, dass diese von jüdischen Besuchern kontaminiert werden würden. In ihrer Blut-und-Boden-Ideologie wurden die Juden als Schädlinge aus der auch von ihnen geliebten Landschaft verbannt.[12] Jene, die emigrieren konnten, sehnten sich oft voller Wehmut nach der verlorenen Natur zurück, wie etwa Friedrich Torberg in seinem Gedicht »Sehnsucht nach Altaussee«, geschrieben 1942 in Kalifornien, von dem hier nur ein Vers wiedergegeben sei:

> Gelten noch die alten Strecken?
> Streben Gipfel noch zur Höh?
> Ruht im bergumhegten Becken
> Noch der Altausseer See?[13]

Die Wälder um Altaussee waren beliebte Ausflugsziele der Wiener Juden. Man konnte dort spazierengehend auf Hugo von Hofmannsthal und Richard Beer-Hofmann, Sigmund

Freud und Theodor Herzl, Arthur Schnitzler und Jakob Wassermann treffen.[14]

Während der Schoa wurden deutsche und osteuropäische Wälder zu den Naturkulissen des Massenmords.[15] Namen wie Buchenwald und Birkenau ordnen den Genozid in die Landschaft ein, ohne das Grauen dahinter erkennbar zu machen. Und Namen wie Föhrenwald und Feldafing stehen für die Lager danach: das vorübergehende Zuhause der jüdischen Überlebenden, der Displaced Persons in der amerikanischen und britischen Zone. Ihre Geschichte spielte sich in den schönsten Landstrichen Deutschlands ab. Viele wurden auf den Todesmärschen im Voralpenland, der bayerischen Seenlandschaft und in der Lüneburger Heide befreit. Die tragische Rückführung der Exodus-Passagiere von der Küste Haifas erfolgte 1947 an die deutsche Nordseeküste. Und die Wege der *Bricha*, die Einwanderer aus Osteuropa nach Palästina brachte, führten durch den Bayerischen Wald und weiter über die Alpen.

Viele Bilder der späten vierziger Jahre zeigen die jüdischen Displaced Persons in den Seen badend und in den Bergen wandernd. Sie werden Teil einer Natur, die unschuldig ist, die aber auch als stummer Zeuge der unbeschreiblichen Verbrechen wahrgenommen wird. So sehen die Überlebenden unter den wunderschönen Berge und Seen, unter dem Meeresstrand und der Dünenlandschaft immer auch die »blutbefleckte deutsche Erde«. Mendel Mann, der Redakteur der Regensburger jiddischen Zeitung *Der nayer Moment*, drückte kurz vor seiner Abreise nach Israel in bewegenden Worten seine ambivalente Wahrnehmung der Natur und der dort lebenden Menschen auf Jiddisch aus:

Still, gemütlich ruhen die bayerischen Dörfchen. Du glaubst, dass das menschliche Gewissen so rein ist wie der Schnee auf den Berg-

spitzen, und dass ihre hellen Augen so unschuldig sind wie der helle Himmel. Komm aber näher, Mensch, näher zu den Bergen. Komm im Frühling, wenn der Schnee schmilzt und die Erde sich mit ihrer Pracht öffnet. Geh über die Wege, welche in die Stadt Cham führen, durch die Dörfer, die auf den Berghängen liegen … Geh die Donau entlang und du wirst die blutigen Zeichen von Deutschlands ›Unschuld‹ sehen! Erst jetzt wirst du Deutschland verstehen. Gräber von jüdischen KZlern sind verstreut über die Bergpfade, geblieben sind nur nackte Kreuze aus jungen Birkenzweigen. Durch die ›unschuldigen‹ Dörfer und die unberührten Berge hat man in den April-Tagen im Jahr 1945 Scharen von Juden getrieben … Bald werde ich für immer das Land des geplanten Massenmords verlassen. Aber es quält mich die Frage: Wer ist der Deutsche wirklich? Ein verführter Verbrecher? Ein dressierter Golem? Ein gehorsamer Knecht? Ein Despot? Oder ein unschuldiger Familienmensch? Ich schaue auf die bayerischen Berge und möchte aus tiefstem Herzen schreien, dass die Berge erzittern: Mörder!!![16]

Wie unterschiedlich auch von jüdischen Beobachtern die gleiche Landschaft wahrgenommen werden konnte, zeigen die Briefe des jungen Schriftstellers Wolfgang Hildesheimer, der mit seinen Eltern als Jugendlicher nach Palästina emigriert war und ein Jahr nach Kriegsende mit 27 Jahren als Übersetzer bei den Nürnberger Prozessen nach Deutschland zurückkehrte. Nach Ende dieser Tätigkeit lebte er zunächst als Maler, dann als Schriftsteller am Starnberger See. Aus den Briefen an seine Eltern geht hervor, dass er nach anfänglichen Zweifeln im bayerischen Voralpenland eine Heimat fand und das Leben am See genoss. Es mag nicht einer gewissen Ironie entbehren, dass er seinen Eltern in Haifa das schöne und einfache Leben inmitten seiner Freunde in Ambach anpreist, während am gegenüberliegenden Ufer des Starnberger Sees in Blickweite noch Tausende jüdischer

Displaced Persons in Lagern auf ihre Ausreise nach Palästina warten. Im Gegensatz zu diesen sah Hildesheimer zu dieser Zeit noch nicht das Blut unter dem Schnee und die Mörder hinter den Bergen. Kurz bevor das DP-Lager Feldafing Ende 1951 aufgelöst wurde, schreibt er nach Haifa: »Ich bin hier jedenfalls glücklicher als jemals zuvor.«

Es wäre wohl eine lohnende Aufgabe, im Rahmen eines Forschungsprojekts einmal eine Karte zur deutsch-jüdischen Geografie zu erarbeiten, in die auch die unterschiedliche Landschaftswahrnehmung einfließt. Borkum und Norderney mögen in einer solchen Karte nicht benachbarte Inseln sein, sondern Welten voneinander entfernt. Kleine Ortschaften auf dem Land wie Ichenhausen, Buttenheim oder Jebenhausen werden hier zu Metropolen, während Nürnberg, Freiburg oder Bremen bis zur Mitte des 19. Jahrhunderts weiße Flecken sind. Orte der Verfolgung wie Bergen-Belsen, Buchenwald und Dachau finden in einer solchen Karte ebenso Platz wie Zentren der Wiederbelebung jüdischen Lebens wie Feldafing, Landsberg oder Ziegenhain. Nicht nur die Menschen und die von ihnen bevölkerten Orte sind Teil einer solchen Landkarte. Auch die Berge und das Meer, die Seen und die Wälder und deren Wahrnehmung müssen Teil der deutsch-jüdischen Geschichtsschreibung werden.[17]

1 Friedrich Torberg, *Die Tante Jolesch oder der Untergang des Abendlandes in Anekdoten*, München 1975, S. 111f.

2 Siehe hierzu: Valerie Weinstein, »Antisemitism or ›Jewish Camp‹? Ernst Lubitsch's Schuhsalon Pinkus« (1916) und »Meyer aus Berlin« (1918), in *German Life and Letters* 59/1, 2006, S. 101-121.

3 Barbara Rösch, *Der Judenweg. Ein Beitrag zur Geschichte und Kulturgeschichte des ländlichen unterfränkischen Judentums aus Sicht der Flurnamenforschung*, Göttingen 2009.

4 Barbara Rösch, »Eruw«, in Michal Kümper, Michal, Barbara Rösch, Ulrike Schneider und Helen Thein (Hg.), *Makom – Orte und Räume im Judentum. Real. Abstrakt. Imaginär*, Hildesheim 2007, S. 33-42.

5 Heinrich Heine, *Die Harzreise*, hg. von Otto F. Lachmann, Leipzig 2008, S. 17-18, 79.

6 Moses Calvary, »Erziehungsprobleme des jüdischen Jugendwanderns«, in: *Blau-Weiß-Blätter. Führerzeitung* 1/1, Juni 1917, S. 4-5.

7 Gerhard Scholem, »Jüdische Jugendbewegung«, in *Der Jude. Eine Monatsschrift*, Jg. 1, Heft 12, März 1917, S. 822-825.

8 Leo Baeck, »Gemeinde in der Großstadt«, in ders., *Wege im Judentum*, Berlin 1933, S. 294.

9 Friedel Homeyer, *100 Jahre Israelitische Erziehungsanstalt – Israelitische Gartenbauschule 1893-1993, Mahn- und Gedenkstätte des Landkreises Hannover in Ahlem*, Hannover 1993.

10 Philipp Nielsen, *Between Heimat and Hatred. Jews and the Right in Germany, 1871-1935*, New York 2019, S. 130-135 und S. 179-184.

11 Siehe meinen Aufsatz »Zwischen Marienbad und Norderney: Der Kurort als ›Jewish Space‹«, in *Jüdischer Almanach 2002*, Frankfurt am Main, S. 119-137, sowie Frank Bajohr, *»Unser Hotel ist judenfrei«. Bäder-Antisemitismus im 19. und 20. Jahrhundert*, Frankfurt am Main 2003 und Mirjam Triendl-Zadoff, *Nächstes Jahr in Marienbad. Gegenwelten jüdischer Kulturen der Moderne*, Göttingen 2007.

12 Joachim Radkau und Frank Uekötter (Hg.), *Naturschutz und Nationalsozialismus*, Frankfurt/Main 2003.

13 Wolfgang Kos und Elke Krasny (Hg.), *Schreibtisch mit Aussicht. Österreichische Schriftsteller auf Sommerfrische*, Wien 1995, S. 222.

14 Albert Lichtblau, »Die Chiffre Sommerfrische als Erinnerungstopos. Der retrospektiv-lebensgeschichtliche Blick«, in: *Erinnerung als Gegenwart. Jüdische Gedenkkulturen*, hg. von Sabine Hödl und Eleonore Lappin, Berlin 2000.

15 Simon Schama, *Landscape and Memory*, London 1996.

16 Mendel Mann: »Daytshland«, in *Nayvelt* vom 26.11.1948, zitiert in Tamar Lewinsky, *Displaced Poets. Jiddische Schriftsteller im Nachkriegsdeutschland, 1945-1951*, Göttingen 2008, S. 141.

17 Ein erster Schritt in diese Richtung war die im Januar 2021 vom Leo Baeck Institute Jerusalem ausgerichtete Konferenz zum Thema *Nature and Jews. Approaching German-Jewish Environmental History*.

Theodor Herzl in Altaussee, August 1900

NICOLAS BERG
ERDE UND LUFT: NATURMETAPHERN UND ZUGEHÖRIGKEIT IM MODERNEN JÜDISCHEN SELBSTVERSTÄNDNIS

In einer Verlagsanzeige zu einem Band Chassidischer Geschichten von Martin Buber aus dem Jahr 1916 lesen wir in einer auffälligen Diktion über den Baal Schem, den jüdischen Weisen, er fühle »den Herzschlag der Natur und ist eines mit ihr; ihm flüstern die Blätter und raunen die Blumen das Geheimnis des Werdens und Vergehens zu [...], mit dem Saum seines Gewandes berührt er die Erde, seine Hände reckt er in die Wolken.«[1] Diese schwungvollen Werbezeilen waren kongenial zum Inhalt des Buchs, denn Buber wollte seinen Lesern in Wien und Berlin ja gerade die Innigkeit und Natürlichkeit jener Frömmigkeit vermitteln, wie sie die Chassidim im östlichen Europa bewahrt hatten. Nicht das Pathos dieser Anzeige ist es also, was einen aufhorchen lässt, wohl aber die Wortwahl: Die Naturmetaphern sind hier so dominant, dass sie selbst für die Idee eines anderen Judentums zu werben scheinen. Es ist, als stünden sie hier stellvertretend für eine kollektive Selbstvergewisserung und als stärkten sie das Plädoyer eines religiös-kulturellen Wandels.

Es mag erstaunlich klingen, aber solche Elementarbilder und Naturvergleiche sind in den Quellen des 19. und frühen 20. Jahrhunderts häufig anzutreffen. Sie prägen die religiösen, politischen und kulturellen Debatten über das Judentum in der Moderne, nicht nur in diesem Beispiel und keineswegs nur in den Texten der Jüdischen Renaissance. Diese hat sie durch die ornamentale Universalsprache des Jugendstils, die der Maler und Grafiker Ephraim Moses Lilien prägte, zu ihrem Erkennungszeichen gemacht. Die Ranken und Blätter, Blumen und Dornen, Palmen und Früchte waren mit der Gründung des Jüdischen Verlags 1902 rasch zum Ausweis eines neuen Selbstbildes geworden, das dem der Bücher Bubers, der den Verlag zusammen mit Lilien gegründet hatte, entsprach. Doch die Häufung der Bezüge auf die Natur ist generell auffällig, nicht nur um 1900; auch zuvor und bis weit ins 20. Jahrhundert hinein: Immer wieder gerinnen Anrufungen von Natur und Natürlichkeit zu definitorischen Formeln mit Anspruch, den Geist der Völker zu erfassen. Wir lesen von Wurzeln und Blüten, vom Gedeihen und Welken, finden aber auch Bezüge zwischen der jüdischen Existenz und der »Luft« oder dem »Wind«, und all dies nicht nur innerhalb des jüdischen Diskurses. Werner Sombart etwa übernahm in seinem zutiefst antisemitischen Räsonnement über *Die Zukunft der Juden* 1912 den Ausdruck »Luftmenschen« für die Juden im Osten Europas[2] von Max Nordau, ganz so, als handele es sich um einen Fachbegriff oder um einen etablierten Common Sense – und wie Nordau verwendete auch der Berliner Ökonom die Metapher nicht als literarisch-ironisches Bild, wie es in den jiddischen Romanen von Scholem Alejchem geprägt worden war.[3]

Die Verstärkungen zwischen jüdischem Selbstbild und den Fremdbeschreibungen, wie sie die Mehrheitsgesellschaft zur gleichen Zeit betreibt, nimmt dem Bildarsenal der Natur in diesem Diskurs generell ihre Unschuld. Das Hin und Her zwischen Innen und Außen, Literatur und Politik, Ironie und Ideologie ist von starken Wertungen geprägt und widersprüchlich. Je genauer wir hinschauen, desto eher erkennen wir an vielen dieser Texte, dass sie die Nähe zur Natur deshalb reklamieren, weil Naturnähe und Natürlichkeit

durch den Antisemitismus jener Zeit zu einem Politikum gemacht und den Juden abgesprochen wurden. Denn »Natürlichkeit« und »Künstlichkeit«, diese aufdringliche und nur scheinbar so einleuchtende Antinomie, ist selbst nichts Gegebenes, sondern ein Gemachtes. Dieser Gegensatz gibt nur vor, natürlich zu sein, er ist aber künstlich. Die Rhetorik entspringt einer dualen Deutung der sozialen Welt, sie wird in Politik, Kultur und Alltag um 1900 oft zum aggressiven Argument und verbündet sich mit der Ideologie des Antisemitismus und des völkischen Denkens. So entstand eine Sicht auf die Welt, die Naturvergleiche zur Waffe machen konnte, denn in der Alltagsmoral erhalten Metaphern der Natürlichkeit einen Bonus, so der Philosoph Dieter Birnbacher[4]; umgekehrt transportiert das Konzept »Künstlichkeit« ein Stigma, das auf sich zu ziehen, ob als Person oder als Gruppe, man mit guten Gründen vermeidet.
Ein ergreifendes Dokument für diesen Zusammenhang ist die Broschüre *Wir deutsche Juden, 321-1932*, die der Centralverein deutscher Staatsbürger jüdischen Glaubens ein Jahr vor der Schwelle zur Katastrophe publizierte. Für dieses Heft trifft beides zu: Es war dies eine Art von Manual für jüdische Gemeinden, Institutionen und Einzelpersonen, die als Abwehrschrift gegen antisemitische Hetze diente; die Schrift enthielt ganz konkret Schutzsätze gegen alle möglichen Anfeindungen im Alltag; sie gab Gegenargumente mit auf den Weg, mit denen Leser sich und den politischen Status der Juden verteidigen konnten. Eingeleitet wurde das Heft mit dem Verweis auf die lange Dauer der jüdischen Zugehörigkeit zu Deutschland, die sich mit der Jahreszahl 321 auf das Edikt des römischen Kaisers Konstantin bezog, in dem die jüdische Gemeinde Kölns Erwähnung findet; zusätzlich führte diese Publikation auch ein Panorama an Naturnähe vor, die inzwischen zur Zurückweisung einer wie-

derkehrenden Unterstellung nötig geworden war. »Die deutschen Juden sind Deutsche«, so heißt es hier, »seit mehr als 1600 Jahren wurzeln sie in deutscher Erde, atmen sie deutsche Luft, sprechen sie in deutscher Sprache, lieben sie deutschen Acker, deutsche Wälder, Seen und Flüsse.«[5] Die Naturverdichtung erscheint aus der Sicht von heute frappierend: »Wurzel« und »Erde«, »Luft« und »Acker«, »Wald«, »Seen« und »Flüsse« – der Appell an Vernunft und Aufklärung baute in seiner Rhetorik sozusagen eine zweite Schutzmauer gegen die Judenfeindschaft mit Naturbegriffen auf, deren idyllische Reihung nicht darüber hinwegtäuschen kann, dass sich hier auch pure Verzweiflung aussprach: in einem inständigen Ton wird die gesamte jüdische Geschichte in Deutschland als eng mit der Natur verflochten dargestellt, als sei so ein Antidot gegen kollektive Verleumdungen gewonnen. Dieses Heft des C.V. sah die Erfolgschancen seiner Bemühungen, die Zugehörigkeit der Mitglieder zur deutschen Heimat zu verteidigen, offenkundig dadurch gesteigert, jüdische Naturnähe doppelt herauszustellen: einmal durch das »Wurzel«-Bild als Ausdruck historisch-genealogischer Verbundenheit und noch einmal durch die Betonung auch der emotionalen Nähe, der jüdischen Liebe zur deutschen Natur.

Tatsächlich scheint es kaum möglich, das sich aufdrängende Natur-Vokabular von »Feld«, »Baum«, »Blüte« und »Wuchs«, von »Garten«, »Entfalten« und »Verpflanzung« aus dem Sprachregister auszuschließen, wenn um 1900 politischer Status und kulturelle Teilhabe von Kollektiven zum Streitthema werden. Zu fest hat sich das Denken in Kategorien der Elemente im Fundament der Sprache festgesetzt. Ein ganzer Thesaurus der Sinnstiftung ist entstanden, ein Fundus der Sprachbilder, der vermeintliche Entsprechungen zwischen Natur und sozialen Gruppen zur Regel macht,

Regeln, die wie ein Reflex funktionieren. Wir mögen das Archiv aus Vergleichen und Entsprechungen auch heute mit uns tragen; es mag noch immer seine Stichworte ungefragt auswerfen, Resonanzen erzeugen und Sinn stiften; aber eines müssen wir nicht: Wir müssen die Metaphern nicht unkritisch übernehmen, sondern wir können die Historizität solcher Zusammenhänge analysieren und so deutlich machen, dass die Logik der Sprache und die der Sache nicht identisch sind.

»Erde« und »Bodenständigkeit« im völkischen Denken

Naturmetaphern haben im Zeitalter des Nationalismus Konjunktur, weil sie Natürlichkeit reklamieren und Kollektive auf- oder abwerten können. Natur- und Landschaftsmetaphern wie »Erde«, »Wurzel« oder »Blüte« sind besonders eingängig politisierbar. In den Büchern von George L. Mosse können wir nachlesen, wie Schriftsteller des völkischen Naturgefühls wie Wilhelm Heinrich Riehl oder geopolitische Theoretiker wie Friedrich Ratzel »Natur« und »Volk« in ein magisches Verhältnis zueinandersetzten: Diese zirkuläre Logik, derzufolge die Natur und die Landschaft den Charakter und das Wesen des Volkes, das auf ihm lebt und arbeitet, prägte, definiert das grenzziehende völkische Denken insgesamt.[6] »Landschaft« ist im völkischen Diskurs nicht einfach nur Natur, so Mosse, sondern enthält Eigentumstitel. Sie ist angefüllt mit unsichtbarer historischer Bedeutung und mit kollektiver Kraft – und diese strahlt sie auch wieder an ihre Bewohner ab.[7] An Riehls mehrbändigem Werk *Land und Leute* (1857-1863) zeigt Mosse auf, wie es die Vorstellung vom organischen Verhältnis zwischen Individuum, Natur und Staat geradezu als universelles Gesetz schildert.

Die Verschmelzung von Land und Bewohnern war hier zum entscheidenden Axiom geworden: Alle Kategorien, um die Menschen und ihre Arbeit zu beschreiben, leitete Riehl aus Landschaftsqualitäten ab. In der negativen Umkehr hieß das aber auch, dass sich in den Großstädten Künstlichkeit und Entfremdung nicht nur verdichteten, sondern dort sozusagen »produziert« wurden.[8] Riehl wie auch der Historiker Heinrich von Treitschke betrachteten es deshalb als eine tiefere Wahrheit, »dass die Mehrheit von Deutschlands großen Männern entweder aus Kleinstädten oder aber vom Lande« kamen.[9] Diese Überzeugung zog Bekenntnisse zu einer »natürlichen«, zu einer hierarchisch-ständisch gegliederten Gesellschaft nach sich, der Juden nicht angehören sollten. Es war Ludwig Klages, ein weiterer Klassiker des Ästhetischen Fundamentalismus jener Zeit, der schließlich die Überzeugung, dass »germanisches Wesen« als »die vollendete Mischung aller Erdelemente« entstanden sei, in die Sentenz einer totalen Essenzialisierung von Erde und Deutschtum goss.[10]

Das völkische Denken und der Antisemitismus okkupierten die Sprachbilder der Erde für die eigene Ideologie – und phantasierten sich im Gegenzug ein Zerrbild von »Luft«-Judentum herbei, das durch das vermeintliche Fehlen jeglicher positiven Verbindung zu Natur, Land, Heimat und Staatlichkeit beschrieben wurde. Richard Wagner hatte in seinem Pamphlet *Das Judentum in der Musik* die »Luxuskunst« gebildeter Juden verhöhnt, deren Kennzeichen es sei, dass sie »in der Luft« einer »willkürlichen Phantasie« schwebe und den »Zusammenhang mit ihrem natürlichen Boden« fast gänzlich verloren habe.[11] Treitschke ließ wenige Jahre später in seinen Ausfällen gegen Ludwig Börne genau diese naturmetaphorische Abwertung des Jüdischen erkennen, als er höhnisch dessen »abstracte journalistische Bil-

dungssprache« verächtlich machte und ihm fehlende »Ursprünglichkeit« und »Bodenständigkeit« andichtete: Börnes Texte könnten »wohl glänzen und blenden«, so Treitschke, hierin dem Wagner'schen Elaborat ähnlich, doch könnten sie nie »wahrhaft deutsch« werden, eben weil ihnen »die ursprüngliche Kraft« und »der Erdgeruch« fehlen.[12]
In jüdischen Antworten auf solche intellektuellen Zumutungen hat sich lange Zeit – noch bei Jakob Wassermann, Arnold Zweig oder Theodor Lessing – ein inständiges Bemühen erhalten, den Vorwurf vermeintlich fehlender Bodenständigkeit nicht nur zurückzuweisen, sondern zu widerlegen. Selbst wenn Lessings wundervolle Essaysammlungen über Steine, Blumen und Tiere ihre Entstehung nicht ausschließlich diesem Motiv verdanken sollten, so sind seine Feuilletons über die »Gesichter der Blumen«, »Gartenglück«, »Birken auf der Heide«, über »Die Häher«, »Biene und Wespe« und »Die Bilche« dennoch genau das: Das Durchstreichen einer ideologischen Zumutung, die durch Wiederholungen fast zu Allgemeinwissen geworden war.[13] Zuletzt nahm Lessing das obsessive deutsche Kreisen um Bodenständigkeit nur noch mit Verachtung zur Kenntnis. In seinen Erinnerungen schrieb der 1933 von Nazi-Attentätern ermordete Lessing: »Mein Leben lang habe ich hören müssen (und aus welchen Mündern!), ich sei destruktiv, negativ, zersetzend, sei undeutsch, volksfremd, fremdblütig, nicht zugehörig, sei nicht Element und Leben, Landschaft und Blut, sondern nur der Träger jener gegenlebigen Mächte des mordenden Geistes.«[14] Arnold Zweig lehnte es in *Bilanz der deutschen Judenheit*, seiner Abschiedsschrift von Deutschland, in einer programmatischen Passage ab, das Konzept von Kultur »nach der Art eines Getreidefeldes« zu denken, »auf dem der blonde deutsche Roggen« mit dem »semitischen Mohn durcheinanderwachsen«.[15] Ein »Feld« sei Kul-

tur durchaus, so die Pointe Zweigs, der sich hier von einem korrumpierten Kulturbegriff im Deutschland seiner Gegenwart abwandte, aber eben kein Acker, sondern ein »Kraftfeld«, das demjenigen ähnele, mit dem »der Elektrophysiker sich die schwierigen Prozesse seiner Wissenschaft veranschaulicht«.[16]

Diaspora-Verteidigungen von »Luft« und »Luftmenschen«

Es gibt im Frühzionismus viele Appelle jüdischer Autoren, die in ihren Aufrufen, die »Pathologie der Diaspora« zu überwinden, Naturbezüge und -metaphern verwenden, um die jüdische Existenz in der Moderne zu kritisieren.[17] Der Kulturzionismus Bubers und Liliens ist nur ein Beispiel. Politischer argumentierte der Ökonom Jacob Lestschinsky, der nicht an Buber anknüpfte, jedoch zur Beschreibung der Situation nach dem Ersten Weltkrieg ebenfalls Naturbezüge verwendete. Die Krise der jüdischen Diaspora hätte die Juden besonders hart getroffen, weil ihre spezifische Sozialstruktur sie stärker exponiere und gefährde. Weil die Juden ein »Volk ohne Staat und ohne Boden« seien und ihre berufliche »Losgelöstheit vom Boden« nun ökonomisch die Gefahren dieser politischen »Exterritorialität« multipliziere, so Lestschinsky, seien Juden der Gefahr, »überflüssig« zu werden, besonders ausgesetzt.[18] Der Krieg habe »eine neue Schicht von Luftmenschen erzeugt«, so seine ökonomische Analyse, »Hunderttausende Juden der bürgerlichen Klasse sind deklassiert, hunderttausende Handwerker und Arbeiter sind ihrer Arbeitsplätze beraubt. Eine große Zahl von Vertretern freier Berufe sind brotlos geworden.«[19] Die Metapher des jüdischen »Luftmenschen« war hier zum akuten Warn- und Hilferuf geworden.

Von diesen Texten heben sich Reflexionen ab, die genau gegenteilig verfuhren. Autoren wie Anton Kuh, Alfred Wolfenstein, Joseph Roth oder Stefan Zweig drehten die Argumentation genau um. Für sie waren die Bezüge zwischen Judentum und Luft kein Stigma, sondern ein Vorzug. Sie warnten nicht vor einer Luftexistenz, sondern priesen diese.[20] »Schweben« und »Luft« wurden hier nicht als das Gegenteil von »Boden« und »Sicherheit« imaginiert, sondern als Freiheit, als universaler und lebenspendender Äther, der die Sprache trägt. Er »atme« in der »deutschen Sprache«, so hat Jakob Wassermann dies einmal über sich gesagt.[21] Der Wiener Feuilletonist Anton Kuh rief in die Verwurzelungs-Debatte seiner Zeit hinein, der modernen »Bodenlosigkeit« sei nicht mit Sehnsuchtsformeln nach Land zu entkommen, sondern durch die »Verwortung des Schwebens«. Auch der Lyriker Alfred Wolfenstein feierte die »freudige Gleichheitssphäre« der Kunst. Er sprach positiv vom »schwebenden Wesen des Juden« und leitete daraus dessen Sendung ab, das jüdische Weltverhältnis ins Allgemeine zu übersetzen: Auch die Dichter, so Wolfenstein, seien Verstreute unter den Völkern und »in höherem Sinne ortlos«. Juden hätten diese moderne Gewissheit früher internalisiert, was es heiße, den Boden unter den Füßen nie ganz sicher zu besitzen. Als Kollektive in der Zerstreuung trügen also Juden und Dichter gemeinsam die Fahne einer neuen Zeit der Menschheit voran. Die kürzeste Diaspora-Verteidigung schrieb Joseph Roth, der dem Blut-und-Boden-Denken seiner Zeit entgegenhielt: »Der Mensch ist kein Baum«, eine Eiche sei gefangen, er aber sei frei.[22]
Auch Stefan Zweig schrieb in einem Brief an Buber, er finde »den gegenwärtigen Zustand den grossartigsten der Menschheit«, er meinte damit das »Eins sein ohne Sprache, ohne Bindung, ohne Heimat nur durch das Fluidum des Wesens [...].

[D]as Einzige, worin wir uns stärken müssen, wäre, diesen Zustand nicht als eine Erniedrigung, sondern mit Liebe und Bewusstsein zu empfinden.«[23] Er misstraue der Formel, dass der Glaube »auf Festem ruht, auf Erde«, so Zweig, er schwebe vielmehr »in einem unfassbaren Gleichgewicht«.[24] Bis in einzelne Wendungen hinein versuchte der Schriftsteller, Materie zu transzendieren, einen »schwebenden« Sinn zu umarmen und daraus eine »Gemeinschaft ohne Erde« abzuleiten.[25] Zweigs Bekenntnis für die »schmerzliche Idee der Diaspora« war unzeitgemäß, sie war der Ausdruck eines grundsätzlichen Widerstands gegen alle Varianten von Nationalismus und somit wehrte er sich auch gegen jede Form zionistischer Rückkehrerzählung, die die eigene Heimstatt und die eigene Erde als kollektives Ziel der Juden propagierte.[26] Zweig beschwor dagegen mit Metaphern der »Luft« den »Geist« an sich, nicht dessen Inkarnation in einem Staatswesen; in Briefen und Essays seit dem Ersten Weltkrieg setzte er auf »das Wort und den Glauben« als schwebende Alleinheit[27], auf die »ewige Heimatlosigkeit«, auf ein »ewiges Jerusalem«[28] als Ziel und Zweck aller Menschen. Zweig verbündete sich sozusagen ideell mit der Zeit, nicht mit dem Raum. In seinen Erinnerungen *Die Welt von Gestern* gibt es eine oft überlesene Passage über die Prägekraft der Luft, mit der die Menschen nicht nur Sauerstoff, sondern auch ihre Zeit und die Ideen der Gegenwart gleichsam atmend in ihren Körper hineinholten: »Denn die Luft um uns ist nicht tot und nicht leer, sie trägt in sich die Schwingungen und den Rhythmus der Stunde. Sie preßt ihn unbewußt in unser Blut, bis tief ins Herz und ins Hirn leitet sie ihn fort.«[29] Nur so werde »ein europäisches Gemeinschaftsgefühl«, nur so eine »Weltbrüderschaft«[30] möglich.

Ist politisches Denken jenseits von Naturmetaphern möglich? Ist es überhaupt vorstellbar, die zu literarischen Imaginationen gewordenen Überzeugungen der Menschen, ihre inwendigen Bilder und die sich in ihnen aussprechenden Haltungen, in einem Vokabular festzuhalten, das ohne Anleihen aus dem Bereich der Natur auskommt? Bei Karl Löwith finden wir die schöne Denkfigur über die Relativität aller Sinnstiftungen, mit denen wir die Natur zum Echo-Raum unserer Ansichten machen. Die Parabel ist weisheitsvoll und ironisch zugleich, was auch daran liegen mag, dass er sie in Japan notierte, fern der alteuropäischen Traditionen. Löwith hielt hier den Gedanken fest, dass die europäische Natursymbolik im ZEN-Denken eher als intellektuelles Hemmnis betrachtet wird, als Ausdruck der Unreife des Geistes und als eine Art erkenntnistheoretischer Ballast. Ein Denken in Naturvergleichen erscheint hier als eine zu überwindende Phase des spirituellen Reifeprozesses, so zumindest lässt sich der Gedanke der folgenden Trouvaille fassen: »Ehe wir wissend geworden sind«, so zitiert Löwith in *Natur und Humanität des Menschen* eine buddhistische Weisheit, »scheinen die Berge und Flüsse einfach Berge und Flüsse zu sein und nichts weiter. Wenn wir einen gewissen Grad der Einsicht gewonnen haben, hören sie auf, nichts weiter als Berge und Flüsse zu sein. Sie werden vielerlei in vielerlei Hinsicht. Wenn wir aber zur vollständigen Einsicht gelangt sind, wird der Berg wieder einfach zum Berg und der Fluß wieder einfach zum Fluß. In dieser schließlichen Anerkennung des So-und-nicht-anders-Seins zeigt sich die Welt und der Mensch ursprünglich und endgültig.«[31]

Die Pointe dieser Parabel liegt darin, dass Naturmetaphern hier als Ausweis nichtspirituellen Wissens fungieren. Natur setzt eine mächtige Sinnstiftungs- und Bedeutungsenergie frei. Die Logik dieser Hermeneutik wird im Naturvergleich und im Naturbild nicht geschaffen, wohl aber reproduziert, denn sie wurde kulturell geprägt und basiert auf Strukturen des Denkens, in denen wir dies als »natürlich« wahrnehmen. In dieser ZEN-Lektüre Löwiths liegt eine feine und wohltuende Distanzierung von dieser Tradition eingeschlossen, die der Autor im Zitat an die Leser weiterreicht, eine subtile Kritik am europäischen Denkstil, der von außen oder vom Osten her betrachtet als ein Ort des beschränkten Denkens beschreibbar wird: Eine Kultur, die Natürlichkeit in Metaphern auch auf soziale Kategorien überträgt und somit das Denken eher verräumlicht und der Zeit entzieht. Die europäische Art und Weise, soziale und politische Verhältnisse in Naturmetaphern zu übertragen, so vermittelt es Löwith hier, regt das Denken nicht nur an, sondern stellt es auf eine dialektische Art und Weise auch still; man kann sie als eine Belastung betrachten, die in Europa noch nicht überwunden ist.

1 Anzeige des Verlags Rütten & Loening, Frankfurt a. M., zu Martin Bubers *Die Legende des Baalschem*, in: ders., *Drei Reden über das Judentum*, Drittes und Viertes Tausend, Frankfurt a. M. 1916, 105.

2 Werner Sombart, *Die Zukunft der Juden*, Leipzig 1912, 14.

3 Zum Gesamtzusammenhang: Nicolas Berg, *Luftmenschen. Zur Geschichte einer Metapher*, 2., durchges. Aufl., Göttingen 2014 [zuerst: 2008].

4 Dieter Birnbacher, *Natürlichkeit*, Berlin/New York 2006.

5 *Wir deutsche Juden, 321-1932*, hrsg. vom Centralverein deutscher Staatsbürger jüdischen Glaubens, Berlin 1932, 3.

6 Friedrich Ratzel, Die Deutsche Landschaft, in: *Deutsche Rundschau* 88 (1896), 347; zit. nach: George L. Mosse, *Die völkische Revolution. Über die geistigen Wurzeln des Nationalsozialismus*, Frankfurt a. M. 1991 [Amerik. Orig.: *The Crisis of German Ideology. Intellectual Origins of the Third Reich*, New York 1964], 26f.

7 Mosse, *Die völkische Revolution*, 28.

8 Mosse, *Die völkische Revolution*, 27 und 28.

9 Mosse, *Die völkische Revolution*, 29.

10 Ludwig Klages, *Rhythmen und Runen*. Nachlass, hrsg. von ihm selbst, Leipzig 1944, 249; vgl. auch: Stefan Breuer, *Ästhetischer Fundamentalismus. Stefan George und der deutsche Antimodernismus*, Darmstadt 1996.

11 Richard Wagner, *Das Judentum in der Musik*, Leipzig 1869, zit. nach: Jens Malte Fischer, *Richard Wagners »Das Judentum in der Musik«. Eine kritische Dokumentation als Beitrag zur Geschichte des Antisemitismus*, Würzburg 2015, 113-156, hier 127.

12 Heinrich von Treitschke, Noch einige Worte zur Judenfrage, in: *Preußische Jahrbücher* (1880), zit. nach: *Berliner Antisemitismusstreit*, hrsg. im Auftrag des Zentrums für Antisemitismusforschung, bearbeitet von Karsten Krieger, 2 Bde., München 2003, Bd. 1, 278-293, hier 287.

13 Theodor Lessing, *Meine Tiere*, Berlin 1926; ders., *Blumen*, Berlin 1928.

14 Theodor Lessing, *Einmal und nie wieder. Lebenserinnerungen*. Mit einem Vorwort von Hans Mayer, Gütersloh 1971 [zuerst: Prag 1935], 387f.

15 Arnold Zweig, *Bilanz der deutschen Judenheit 1933. Ein Versuch*, Berlin 1998 [Amsterdam 1934], 60.

16 Ebd.

17 Andreas Kilcher, Der kranke Mann im Golus. Zionistische Pathologie der Diaspora, in: *Aschkenas. Zeitschrift für Geschichte und Kultur der Juden* 29 (2019), H. 1, 175-195.

18 Jakob Lestschinsky, *Das jüdische Volk im neuen Europa. Die wirtschaftliche Lage der Juden in Ost- und Zentraleuropa seit dem Weltkrieg*, Prag 1934, 7-9.

19 Ebd., 14; vgl. auch: ders., *Das wirtschaftliche Schicksal des deutschen Judentums*, Berlin 1933.

20 Nachweis in: Berg, Luftmenschen, 56-59; Andreas Klicher, Diasporakonzepte, in: Hans Otto Horch (Hg.), *Handbuch der deutsch-jüdischen Literatur*, Berlin/Boston, Mass. 2016, 135-150.

21 Jakob Wassermann, *Mein Weg als Deutscher und Jude*, München 1999 [zuerst: Berlin 1921], 48.

22 Joseph Roth, *Juden auf Wanderschaft*, Berlin 1927; das Zitat in: ders., Der Segen des ewigen Juden (1934), in: Joseph Roth, *Werke, Bd. 3: Das journalistische Werk (1929-1939)*, hrsg. v. Klaus Westermann, Köln Amsterdam 1991, 527-532; zum Mythos des »ewigen Juden«: Mona Körte, *Die Uneinholbarkeit des Verfolgten. Der ewige Jude in der literarischen Phantastik*, Frankfurt a.M., New York 2000.

23 Stefan Zweig, Brief an Martin Buber, 24. Januar 1917, in: ders., *Briefe zum Judentum*, hrsg. von Stefan Litt, Berlin 2020, 50.

24 Zweig, Brief an Buber, 15. Juni 1917, in: ebd., 57.

25 Zweig, Brief an Buber, 25. Mai 1917, in: ebd., 52.

26 Zweig, Brief an Buber, Februar 1918, in: ebd., 60.
27 Zweig, Brief an Buber, 25. Mai 1917, in: ebd., 53.
28 Zweig, Brief an Abraham Schwadron, 9. Juni 1917, in: ebd., 55; vgl. die Essaysammlung: Stefan Zweig, *»Worte haben keine Macht mehr«. Essays zur Politik und Zeitgeschichte 1916-1941*, hrsg. von Stephan Resch, Wien 2019; zu Zweigs Europa-Ideen und zu seinem Judentum: Mark H. Gelber, *Stefan Zweig, Judentum und Zionismus*, Innsbruck, Wien, Bozen 2014; ders., Anna-Dorothea Ludewig (Hgg.), *Stefan Zweig und Europa*, Hildesheim, Zürich, New York 2011.
29 Stefan Zweig, *Die Welt von Gestern. Erinnerungen eines Europäers*, hrsg. und kommentiert von Oliver Matuschek, Frankfurt a. M. 2017, 215.
30 Ebd.
31 Karl Löwith, Natur und Humanität des Menschen, in: ders., *Sämtliche Schriften*, Bd. 1, 259-294, hier 294.

ROBERT SCHINDEL
FRIEDVOLL NEBENEINANDER: DIE JUDEN UND DIE ALPEN

Ein unerschütterlich getreuer Stammgast Ischls
War Heinrich Eisenbach, geographisch und künstlerisch
Der gleichen Gegend zugehörig wie Armin Berg und zweifellos
Ihr höchstwertiges Produkt.
Eisenbach kam Sommer für Sommer
Und unternahm Tag für Tag
Den gleichen Spaziergang:
Auf eine schon weiter entfernte Anhöhe mit Jausenstation
Und Aussichtswarte zu Ehren der Erzherzogin Sophie
Und des nach zwei Seiten sich öffnenden Panoramas
Sophiens Doppelblick geheißen.

An diesem Spaziergang ließ sich Eisenbach durch kein
Noch so schlechtes Wetter hindern, und selbst als eines Sommers
Der berüchtigte Salzkammergutregen kein Ende nahm,
Machte der unverdrossene »Doppelblick-Liebhaber«,
Mit Wettermantel, Kapuze und Schirm bewehrt, sich täglich
Auf den Weg. Wochenlang
War er der einzige Gast, der im Jausenlokal
Seinen Kaffee einnahm, wochenlang
Erstieg er als einziger die Aussichtsterrasse und spähte
Vergebens rundum, ob sich

Vielleicht irgendwo eine
Art Lichtblick böte.

Da, eines Tages, entdeckte er oben
Einen offensichtlichen Fremden,
Dem man daheim den Besuch von
»Sophiens Doppelblick« als besonders lohnend
Empfohlen haben mochte und
Der jetzt völlig verloren dastand, nicht wissend, was
Es ihm sollte. Eisenbach
Nahm ihn wortlos an der Hand, führte
Ihn zur entgegengesetzten Barriere, deutete
Ins undurchdringlich regenverhangene Grau und
Sagte im Ton eines Fremdenführers:

»Von hier aus, mein Herr, haben die alten Juden
Den Dachstein gesehen.«

Friedrich Torberg, *Die Tante Jolesch*

I

Ich war lange nicht in Ischl, was sollte ich auch dort. Das war nicht mein Revier. Als angehender, als vergeblicher, als mutwilliger Autor verkehrte ich im Kaffeehaus, einmal in dem, einmal in jenem, alle in der Großstadt. Als Jugendlicher musste ich allerdings in die Berge. Als Kind muss man mitlatschen, ob man Lust hat oder nicht. Noch eine letzte Kehre, sagten meine Mutter und ihr Lebensgefährte, wenn wir vom Preiner Gscheid auf die Rax stiegen. Dass Schurli gerne dorthin ging und immer wieder, nahm mich nicht wunder. Erstens war er ein Simmeringer Arbeiterkind, bei den »Naturfreunden« seit je und valera und valeri. Nach den Februarkämpfen 1934 versteckten sich Schutzbündler wie er vor den Vaterländischen und vor der Polizei auf der Rax einen ganzen Sommer lang. Die Burschen und Mädeln beobachteten, auf Grasmulden sitzend, wie die Gendarmen den Karlsgraben heraufschnauften; bei einer gewissen Kehre standen die Jungsozis auf und verschwanden in eine der vielen Selbstversorgerhütten auf dem Raxplateau. Die Gendarmen tranken ihr Bier im Karl-Ludwig-Haus und gingen wieder von hinnen.

Schurli war süchtig nach den Bergen. »Die Rax hilft immer«, sagte er, wenn er von dort zurückkam. Meine Mutter machte sich zwar nichts aus den Alpen, aber sie war dem Schurl eine gute Frau und Genossin und bestieg mit ihm die Gipfel, ob Spitzkofel oder Großvenediger, ob Simonyhütte oder bloß den Ötscher, aber von der schwereren Seite, vom Rauen Kamm. Als ich bei Trost war, begannen die beiden, mich mitzunehmen. So musste ich im dichten Schneetreiben von der Kürsingerhütte zur Prager Hütte stapfen, den Handschuh sah man nicht vor den Augen, aber Schurli war der lebendige Kompass. »Noch ein knappes Stündchen.« Ich hatte die Berge so satt, die Alpen haben schon Recht, wenn sie ihre dreisten Betrampler von Zeit zu Zeit in die Täler werfen.

Ab ’68 war aber Schluss mit der Natür. Was zieht uns denn in die Berge? Die Seilbahn, antwortete der junge Brecht, und mit der war ich gelegentlich noch auf Schurlis Rax. Bis es mich einmal nach Altaussee verschlug. Schuld daran war Schnitzler.

2

Vom Völser Weiher kraxeln die Schnitzlerfiguren auf schwer zu besteigende Steinnadeln. Zwischen waghalsigen Besteigungen der Felsen und den unverschämten Treulosigkeiten in den Tälern danach flirrt die Schnitzler'sche Lebenseinsicht umher, wirft den mitleidlosen Blick auf das wichtigtuerische Gehabe. »Die Seele ist ein weites Land«, sagt ausgerechnet einer, der so eine Felsnase erstbestiegen und danach Dutzende Kinder zwischen Südtirol und Semmering gezeugt hat, deren eines hernach auch eine der Tragödien auslöst, in welchen auskristallisiert, was wir eine tiefe und schwierige Kenntnis von Menschenkindern nennen mögen.
Die Juden der Jahrhundertwende waren alle ständig in den Zerklüftungen. Bisweilen kommt es mir vor, dass die Liebe der Juden zu den Bergen auch damit zusammenhängt, dass diese etwas Egalitäres haben. Die Alpen machen keinen Unterschied zwischen Jud und Christ oder Arier, sie werfen ab, wen sie wollen. Den Unterschied müssen also die Alpenvereine machen, die sich ihre Boden- und Wurzelbezogenheit nicht von Asphaltmenschen, Geldsubjekten und Schriftmurmlern stören lassen wollten. Die bodenständigen Älpler hatten noch ganz andere Gründe, die Juden auszuschließen, wo es geht, aber in der Alpenwelt ging es leichter als in den Zeitungsredaktionen. Wie immer focht das die Juden nicht an. Sie ließen sich ihre Naturliebe, ihre Heimatliebe nicht von den Natur- und Heimatschraten rauben. Und ich war neugierig auf Aussee. Dorthin gelangt man, wenn man von der Donau kommt, indem man an allerlei vorbeifährt. An Ebensee hat mich nicht so sehr der liebliche und durchaus indolente Traunsee interessiert, sondern Mauthausens Außenkommando, das KZ Ebensee, wo mein einstiger Schwiegervater, Albert Pordes, ebenso sein Kaumleben fris-

ten musste wie Leon Zelman. Daher musste auch mein Romanheld Herrman Gebirtig in Ebensee weilen und sich dort seine Bitterkeit, seine Wut und seine Verlorenheit in mitteleuropäischen Welten anzüchten.
Er notiert, als er zurückkommt, um als Zeuge in einem Naziprozess auszusagen, und in Altaussee sich zwischenparkt, in sein Tagebuch:

Sie nehmen Anlauf und dann laufen sie auf den Abgrund zu. Schweben hoch überm See in diesen Hängegleitern. Ich schaue ihnen vom Losergasthaus zu. Vor mir die Trisselwand, unverändert, wie mir scheint. Die Burschen fahren mit den Autos die Panoramastraße hinauf, neben sich ihre Frauen oder Freundinnen. Alle haben sie außer den Hängegleitern eine Frau dabei. Dann bauen sie das Gerät zusammen, die Frauen werden freundlich kommandiert. Sie hocken in Gruppen beieinander, die Männer reden, die Weiber hören zu. Einer geht zum Gleiter, hängt sich die Arme hinein und läuft zum Abgrund. Kaum gleitet er, steigt schon die Freundin ins Auto und fährt die Panoramastraße runter, um den Meister unten am Landeplatz zu erwarten. Daran haben die Österreicher Spaß. Wie würde ich mich fühlen als Punkt überm Altausseer See, a jüdischer Adler? Vom Dachstein tät kommen ein plötzlicher Fallwind, und drin wär ich im See und Ruhe. Hätte ich damals wie jeder? Was schreib ich für Schmonzes?

Von Ischl wusste ich eher, dass der wunderbare Leo Perutz dort begraben liegt, als dass es dort eine Konditorei Zauner gibt. Bei Bad Goisern fiel mir zuerst der erste postnazistische Bürgermeister Arnolt Bronnen ein und der nachhaltige Jörg Haider, die zickzackene Bergwelt nehme ich hin. Für die schöne Katrin und Sophiens Doppelblick hatte ich kein Organ und mochte mich über die Judenscharen immer wieder wundern, die sich auch in Adlers Höh und Ruh Saujuden

nennen lassen mussten und dennoch unablässig die gute Luft mit den Berghanseln teilen wollten.
»Ein Jud gehört doch ins Kaffeehaus«, dachte ich genauso wie der einstige Ringer Ernst Weiss, als er im Doppelnelson seines Gegners schwitzte.

3

Überassimilierte sind das. Als müssten sie in einem fort beweisen, dass sie sind wie die anderen. In den Lederhosen liefen sie um den Altausseer See und tun es noch. Doch die Alpenhanseln ließen sich selten täuschen. Sie rochen aus den krachledernsten Hosen das Ghetto heraus. Unbeteiligt beobachteten sie von der Hungerburg in Innsbruck den Abtransport der Juden 1942. Mit Joppe und Gamsbart angetan, rauchten zwei von ihnen seelenruhig ihre Pfeifen, daweil sich am Bahnhof die entsprechenden Szenen abspielten. Schließlich sagte der eine zum andern und deutete auf die Judenheit unter ihm: »Ich tät mich verkleiden.« »Als was«, fragte der andere. »Als Tiroler!« »Auf deine Ezzes hab ich gewartet«, sagte schließlich der andere.
Wenn's wahr wäre und sich Juden auf diese Art hätten retten können! Bloß der Schauspieler Reuss konnte als Tiroler eine Zeitlang durchgehen, schließlich floh er rechtzeitig.
Ist also in der Liebe zu den Alpen der gleiche Anpassungsdruck herauslesbar wie im sattsam bekannten Patriotismus für Deutschland und die Monarchie? Ist die Liebe zum Edelweiß gleichlautend der Liebe zu den Orden und Kriegsauszeichnungen? Sind wir Juden nicht gradso verblendet und anfällig für Chauvinismus und Blut und Boden wie die anderen auch? Ist der Kaffeehausjud nicht eine Erfindung der Antisemiten, die dann von künstlerischen Juden für eine gu-

te Idee gehalten wurde, weil Kaffeehaus an und für sich ein Seelenort ist, wo Lyrik, Quadratwurzeln und Geschäfte gleichermaßen das Fleisch dafür bilden konnten?
Oder gehören die Alpen eh erst dem lieben Gott und dann allen Menschen gleichermaßen?
Und als ich dann endlich in Aussee ankam, verfiel ich diesem Ort wie so viele vor mir. Bis heute kann ich nicht sagen wieso. Hören wir nochmals Torberg:

Sehnsucht nach Altaussee

Wieder ist es Sommer worden,
dritter, vierter Sommer schon.
Ist es Süden, ist es Norden,
wo ich von der Heimat wohn?
Kam ich auf der wirren Reise
nicht dem Ursprung wieder nah?
Dreht die Welt sich noch im Kreise?
Ist es Sommer dort wie da?
Gelten noch die alten Strecken?
Streben Gipfel noch zur Höh?
Ruht im bergumhegten Becken
noch der Altausseer See?
Bot sich einst dem Blick entgegen
spiegelschwarz und wunderbar.
Himmel war nach manchen Regen
bis zum Dachsteingletscher klar.
Kulm und Kuppe: noch die kleinern
hielten Wache rings ins Land.
Aufwärts ragten grün und steinern
Moosberg, Loser, Trisselwand.
Ins Plateau zu hohem Rahmen
wölbte sich die Pötschen schlank,

und es wuchsen die Zyklamen
nur auf ihrem drübern Hang.
Ach, wie war ich aller Richtung
sommerlich vertrautes Kind!
Ach, wie war mir Wald und Lichtung,
Bach und Mulde wohlgesinnt!
Treibt's mich heut zum See? Zur Klause?
Treibt's mich auf die Blaa-Alm hin?
Wird's beim Fischer eine Jause?
Wird's ein Gang zur Wasnerin?
Wo die Triften sanft sich neigten
vom Geröll zum Flurgeheg –
ach, wo ist's, dass sich verzweigten
Hofmannsthal- und Schnitzler-Weg!
Ach, wo hat's mich hingetrieben!
Pötschen weiß ich, und Plateau.
Aber welcher Hang ist drüben?
Aber die Zyklamen – wo?
(In Kalifornien, 1942)

4

Heute ist Aussee ein Ort, wo ein friedvolles Nebeneinander existiert zwischen nachgewachsenen Juden, alten Nazis, deren Mitläufern und Nachkommen. Am friedvollsten sieht man es am Friedhof. Da liegt der Jakob Wassermann zehn Meter neben dem Bruno Brehm. Und hinter der Mauer liegt der hohe SS-Mann Wilhelm Höttl. Er hat sich nach Kriegsschluss der Alliierten-Anklage als Zeuge zur Verfügung gestellt und rettete so seinen Kopf. Friedlich und nebeneinander betrieb er Jahrzehnte in Bad Aussee eine private Mittelschule. Gegen Ende seines Lebens widerrief er

seine einstige Aussage, um hernach seinen Widerruf nochmals zu widerrufen. Er starb in Einklang mit seiner alpinen Welt und blinzelt zusätzlich über die Mauer zu Wassermann hinüber, der auf die Art nicht so wirklich bis zum Jüngsten Tag schlafen kann. Bloß Ernst Kaltenbrunner aus Ried im Innkreis, der dann hier geschnappt wurde, konnte weder in der engsten Heimat des Führers noch hier begraben werden. Er wurde in Nürnberg gehängt. Seine Asche verstreut.
Als Torberg aus der »Emigration« zurückkam, arbeitete er eine Zeitlang bei der steirischen sozialdemokratischen Zeitung *Die neue Zeit*. Also wollte er den Altspatzen und gottbegnadeten Führerdichter Bruno Brehm interviewen. Er soll sich ihm vorgestellt haben mit dem Satz: »Grüß Gott, ich bin der Friedrich Torberg von der ›Neuen Zeit‹.« Bruno Brehm soll gelächelt und erwidert haben: »Na ja, ich bin der Bruno Brehm von der alten Zeit.«
Den Alpen ist das gleichgültig. Und wenn ich einst vor dem Ewigen stehe und er mich fragen wird: »Hast du meine Alpen gesehen?«, werde ich nicken.
»Und?«
»Zu viele Kehren, Herr.«

ARND BOHM

LANDSCHAFTEN DES EXILS: PAUL CELANS *GESPRÄCH IM GEBIRG*

»Du bist nicht August, es sei denn, ich mache dich dazu.«
Wallace Stevens, *Asides on the Oboe*

Obgleich der Titel von Paul Celans *Gespräch im Gebirg* die Berge fast gleichrangig neben den Dialog stellt, so befassen die meisten kritischen Kommentare sich vor allem mit Letzterem. Die Berge werden vernachlässigt, da der Text bekanntlich eine Schweizreise Celans behandelt. Zusätzlich wird unsere Wahrnehmung durch den Gedanken beeinträchtigt, Celans Schauplätze seien ortlos und lägen außerhalb der Geschichte. Diese Begriffe dominierten die Diskussion, solange Celans Gedichte und Schriften mit Adjektiven wie »hermetisch«, »privat« und »nicht dechiffrierbar« belegt wurden. Seine Sprache galt lange als kryptisch und voller rätselhafter Bilder, während man heute eine Vielzahl von Hinweisen auf Literatur, Theologie, Philosophie, Geschichte und Naturwissenschaften erkennt, manchmal eingedampft in eine einzige Silbe. Dann wieder lassen die intertextuellen Bezüge sich aus Stil, Genre oder Thema erschließen wie in dem kurzen Prosatext *Gespräch im Gebirg*, der im Kontext des Hirtengedichts erörtert werden muss, wenn man seinen Inhalt wirklich entschlüsseln will.

Die gründliche Lektüre von *Gespräch im Gebirg* offenbart neben einem System von Pronominalreferenzen und der Perspektive des Erzählers noch weitere Zusammenhänge. Der

Text ist auf den August 1959 datiert und wurde 1960 in der *Neuen Rundschau* erstmals veröffentlicht.[1] Eine Widmung Celans im Exemplar für Reinhard Federmann bestätigt, dass der Text seine Entstehung einem verpassten Treffen von Celan und Adorno verdankt. Celan schrieb: »In Erinnerung an Sils Maria und Friedrich Nietzsche, der – wie Du weisst – alle Antisemiten erschiessen lassen wollte, wo ich den Herrn Adorno treffen sollte, von dem ich dachte, dass er Jude sei.« Im Juli 1959 besuchte Celan mit seiner Familie Sils Maria im Engadin, wo ein von Peter Szondi arrangiertes Treffen mit Adorno stattfinden sollte, aber aus unbekannten Gründen kehrte Celan vorher nach Paris zurück.

In dem Text finden sich mehrfach literarische Querverweise, besonders auf Georg Büchners Novelle *Lenz*: »ging, wie Lenz, durchs Gebirg« (169) und erneut gegen Ende: »kommen, wie Lenz, durchs Gebirg« (173). Wie wichtig dieser Bezug ist, zeigt sich auch daran, dass Celan bei seiner Rede zum Büchnerpreis darauf zurückkam: »Und vor einem Jahr, in Erinnerung an eine versäumte Begegnung im Engadin, brachte ich eine kleine Geschichte zu Papier, in der ich einen Menschen ›wie Lenz‹ durchs Gebirg gehen ließ.« Die Vielschichtigkeit der Anspielung wird noch deutlicher, weil Büchner den 20. Januar erwähnt, das Datum der berüchtigten Wannsee-Konferenz 1942. Auch der Symbolwert der drei im Text erwähnten Blumen wird analysiert: der *Dianthus superbus*, der Türkenbund (*Lilium martagon*) und die Rapunzel. Interessant ist dabei auch Heber-Schärers aufschlussreiche Entdeckung, dass der Türkenbund nämlich in dem alten Volkslied »Es ist ein Schnitter, heißt der Tod« verewigt wird:

> Was heut noch grün und frisch dasteht,
> wird morgen schon hinweggemäht:

Die edel Narzissel,
Die englische Schlüssel,
Die schön' Hyazinthen,
Die türkischen Binden:
Hüte dich, schöns Blümelein!

Viel hunderttausend ungezählt,
Was nur unter die Sichel fällt:
Rot Rosen, weiß Lilgen,
Euch wird er austilgen
Und ihr, Kaiserkronen,
Man wird euch nicht schonen.
Hüt dich, schöns Blümelein!

Die Anspielung bezieht sich auf eine Welt, in der der grausame Tod in Gestalt des Schnitters den lieblichen Garten der Erde verwüstet. Wie schon von anderen dargestellt wurde, lässt das gesprenkelte Dunkelrot des Türkenbunds an getrocknetes Blut denken. Die Blumen in *Gespräch im Gebirg* sind ganz sicher nicht harmlos.

Vor allem die Suche nach Schlüsselwörtern förderte weitere Anspielungen zutage, beispielsweise auf Martin Bubers *Gespräch in den Bergen*, Kafkas *Der Ausflug ins Gebirge* und Nietzsches *Also sprach Zarathustra*, wie Festiner anmerkt. Keine dieser Andeutungen erklärt, warum Celan das Gebirge so wichtig war. Außerdem geht es ihm nicht um irgendeine Bergregion, wie die Hinweise auf die Reise ins Engadin und auf Lenz nahelegen. Wir haben es eindeutig mit einer Schweizer Landschaft zu tun. Die dreifach gefalteten Berge, die Gletscher, die milchgrünen Gletscherbäche deuten auf diesen Schauplatz hin:

Es hat sich die Erde gefaltet hier oben, hat sich gefaltet einmal und zweimal und dreimal, und hat sich aufgetan in der Mitte, und in der Mitte steht ein Wasser, und das Wasser ist grün, und das Grüne ist weiß, und das Weiße kommt von noch weither oben, kommt von den Gletschern [...]. (183)

Landschaften existieren aber nicht einfach, sie werden in der Imagination konstruiert und damit erfahrbar gemacht. Das Bild der Schweiz als Ort der Berge und Gletscher wurde zunächst im 18. Jahrhundert erfunden, als aus den Alpen ein erhabener Raum wurde, eine Heimstatt der Freiheit. Schlüsselmomente bei der Verwandlung der Gebirgspracht waren Albrecht von Hallers *Die Alpen*, Salomon Geßners *Idyllen* (1756, 1762) und seine *Neuen Idyllen* (1772) sowie Friedrich Schillers *Wilhelm Tell*. Nicht nur auf Deutsch, sondern auch in französischen und englischen Übersetzungen war Geßner bei weitem am populärsten und einflussreichsten. Das Werk, das mit der Absage an die Muse der kriegerischen Heldenepen begann, sprach die Europäer an, die von den endlosen Kriegen der Zeit erschöpft waren, und Geßner äußerte sich ganz klar: »Nicht den blutbespritzten kühnen Helden, nicht das Öde Schlachtfeld singt die frohe Muse; sanft und schüchtern flieht sie das Gewühl, die leichte Flöt' in ihrer Hand.« Praktisch alle seine Idyllen schildern eine von glücklichen Hirten und tugendhaften Bauern bevölkerte friedliche Welt, mit einer auffälligen Ausnahme. Die letzte der *Neuen Idyllen* trägt den bezeichnenden Titel: »Das hölzerne Bein: Eine Schweitzer Idylle.« Goethe wies auf diesen Unterschied hin, als er diese Idylle in einer Besprechung in den *Frankfurter Gelehrten Anzeigen* besonders lobte. Allerdings leugnete er damit Geßners Intention, denn »Das hölzerne Bein« verrät ja dessen antiepisches Programm und unterwirft die idyllische Landschaft dem politischen Raum des Heldenepos.

Die friedliche Pastorale mit ihren typischen murmelnden Bächen und flötenden Hirten wird gestört, als ein invalider alter Mann die Szene betritt:

Da sah er einen Mann von der Seite des Gebürges heraufkommen, alt und von silbergrauem Haar; und der Mann, langsam an seinem Stabe gehend, denn sein eines Bein war von Holz, trat zu ihm, und setzte sich an seiner Seite auf ein Felsenstück. Der junge Hirte sah ihn erstaunt an, und blickt' auf sein hingestrecktes hölzernes Bein. Kind, sagte der Alte, gewiß du denkst, mit so einem Bein blieb ich wol unten im Thal?

Das Holzbein, so fehl am Platz in der Schäferlandschaft, entpuppt sich als Ehrenzeichen, als Folge eines erbitterten Kampfes um die Schweizer Unabhängigkeit, die Schlacht bei Näfels 1388: »So wüteten wir unter den Feinden, und drangen über Todte und Zerstümmelte vorwärts, um weiter zu töden. Ich auch; aber im Gewühl stürzt' ein feindlicher Reuter mich zu Boden, und sein Pferd zertrat mein eines Bein.« Der alte Mann erinnert den jungen Hirten daran, dass die Idylle ihren Frieden und ihren Schutz dem Krieg verdankt:

Daß mancher eurer Väter, so sprach er, voll Narben und zerstümmelt ist, das sollt ihr Gott und ihnen danken, ihr Jungen. Muthlos würdet ihr den Kopf hängen, statt jetzt an der Sonne froh zu seyn, und mit muntern Liedern den Wiederhall zu rufen.

So zerschlägt Geßner die optimistische Vision des Schäferidylls und stellt die Ordnung, den Grundpfeiler des Genres, auf den Kopf. Wenn Ruhe und Freiheit allein durch brutales Gemetzel bewirkt werden können, dann hinterlässt die Gewalt ihre Spuren überall in der idyllischen Landschaft. Die

Eigenschaften der Landschaft ähneln den Narben und Verstümmelungen der Veteranen. Die Erkenntnis, dass der Veteran und der Hirte gewissermaßen verwandt sind, weil der Vater des Hirten dem Veteranen das Leben rettete, besiegelt das Ganze. Der Hirte hatte das Reich der politischen Geschichte niemals verlassen; die idyllische Landschaft war immer schon das Werk »blutbespritzter Helden« gewesen. Dem Hirten bleibt nur noch übrig, seine Berge zu verlassen, die Tochter des Veteranen zu heiraten und den Vorhang vor der Idylle zu schließen: »ein anderer kann diese Ziegen hüten.«

Schon dieser knappe Satz zeigt die Nähe zwischen Geßners Text und Celans *Gespräch im Gebirg*. Auch hier wird die Anfangsszene von einem Eindringling gestört, der aus dem Tal heraufkommt: »ging und kam, kam dahergezockelt, ließ sich hören, kam am Stock, kam über den Stein, hörst du mich, hörst du mich, ich bin's, ich, ich und der, den du hörst« (181). Das Wort »dahergezockelt« beschreibt, auch lautmalerisch, wie jemand langsam dahertappt. Wie Geßners Veteran ist auch der Jude aus dem Unterland in der Berglandschaft nicht zuhause: »den man hatte wohnen lassen unten, wo er hingehört, in den Niederungen, er, der Jud, kam und kam« (181). Die charakteristische Anonymität, abgeleitet von unpersönlichen Bezeichnungen, Groß und Klein, ist das Echo von Der Alte und Der junge Hirte. Die Begegnung zweier solcher Figuren ist paradigmatisch für das Hirtengedicht, wie Paul Alpers in *What is pastoral?* feststellt, denn es versinnbildlicht das Zusammenkommen, das Zusammen-Treffen: »Wenn Hirten zusammentreffen, so sind das Gelegenheiten für Lieder und Gespräche, die Trennung, Abwesenheit oder Verlust ausdrücken und sie dadurch überwinden wollen.« Eine der Ironien in Celans Text besteht darin, dass er an ein Nicht-Treffen erinnert, die verpasste Begegnung mit Adorno, eine Situation, die einen dialogischen Monolog geradezu erfordert: »ich hier und ich dort, ich begleitet vielleicht – jetzt! – von der Liebe der Nichtgeliebten, ich auf dem Wege hier zu mir, oben!« (186).

Geßners und Celans Texte unterscheiden sich darin, wo sie die Figuren in den jeweiligen Landschaften ansiedeln. Der Veteran hatte betont, dass er und der junge Hirte Land besaßen. Die Politisierung der idyllischen Welt durch epischen Kampf hatte Besitzrechte legitimiert und garantiert: »[…] Freyheit, Freyheit beglückt das ganze Land. Was wir sehen, Berg und Thal, gehören uns; freudig bauen wir unser Eigentum, und was wir sammeln das sammeln wir mit Jauchzen für uns.« Die Juden, in scharfem Kontrast, gehören nicht dazu: »denn, frag ich, für wen ist sie denn gedacht, die Erde, nicht für dich, sag ich, ist sie gedacht und nicht für mich« (183). Während die Kriegserinnerungen des Veteranen nochmals Freiheit und damit Identität bestätigen, sind die Erinnerungen des Juden die eines Sterbenden, dem Sieg und Heimat verwehrt bleiben:

Auf dem Stein bin ich gelegen, damals, du weißt, auf den Steinfliesen; und neben mir, da sind sie gelegen, die andern, die wie ich waren, die andern, die anders waren als ich und genauso, die Geschwisterkinder; und sie lagen da und schliefen, schliefen und schliefen nicht (184).

Die Geschichte dieser Vergangenheit entfremdet den Juden grundsätzlich von der idyllischen Landschaft: »ich, der ich da steh, auf dieser Straße hier, auf die ich nicht hingehör« (184).

In Geßners Text hatte die Sprache des Epos das Flöten und das ungezwungene Gespräch des ländlichen Lebens verdrängt und an ihre Stelle die blutige Schlacht gesetzt: »Mancher der unsern lag da, über einen Haufen Feinde ausgestreckt, sagt man nachher, wie ein müder Schnitter auf der Garbe ruht, die er selbst geschnitten hat.« Celans Text erfasst den Widerspruch, der in der Beschreibung eines Gemetzels mit einer Metapher aus dem Ackerbau liegt, sublimiert ihn aber durch den Türkenbund, den er aus dem Volkslied über den grausamen Schnitter zitiert. Ist die ländliche Gegend erst einmal mit Heldentum getränkt und hat sie »den blutbespritzten kühnen Helden« zugelassen, können jüdische Augen keine einzige Blume mehr als unschuldig ansehen: »sie haben, auch sie, Augen, aber da hängt ein Schleier davor, nicht davor, nein dahinter« (182). Jede Blume, jede Pflanze, selbst die Steine sind von symbolischen Werten überlagert und stützen sich darauf, sie sind in historische Diskurse über Macht und Zerstörung verstrickt. Selbst das Wort »Rapunzel« beschwört die Gebrüder Grimm herauf und mit ihnen den Aufstieg einer nationalistischen germanischen Philologie, die zur Verbreitung des Antisemitismus beitragen sollte.

Die Unterordnung des Idylls unter nationale Interessen geht mit der konsequenten Abwendung vom Universalismus der Antike und der mittelalterlichen Welt einher. Geßners explizite Benennung einer »schweizer Idylle« steht für den ausdrücklichen Bruch mit der kosmopolitischen Gelehrtenrepublik. Goethe beschönigte diese Umkehr, als er in seiner Rezension einen fiktiven Sprecher sagen ließ: »O hätte er nichts als Schweitzer-Idyllen gemacht! dieser treuherzige Ton, diese muntre Wendung des Gesprächs, das Nationalinteresse! das hölzerne Bein ist mir lieber, als ein Dutzend elfenbeinerne Nymphenfüßchen!« Nachdem das Idyll erst einmal nationalisiert war, konnte es für die Interessen und die Propaganda von Einzelstaaten nutzbar gemacht werden, ohne dass eine Flucht vor den Wirren der politischen Ökonomie möglich war.

Für die europäischen Juden hatte die Nationalisierung entsetzliche Folgen. Die zunehmende Betonung der griechischen und römischen Ursprünge der Pastorale und die gleichzeitige Säkularisierung der europäischen Gesellschaft schloss eine weitere Quelle der Pastorale aus: die hebräische Welt. Die nachdrückliche Hellenisierung der Literatur, von E. M. Butler treffend als »Tyrannei Griechenlands über Deutschland« bezeichnet, marginalisierte den jüdischen Beitrag zur Geschichte der Pastorale. So ist es bezeichnend, wie wenig Schiller in *Über naive und sentimentalische Dichtung* (1795-1796) über die Poesie der Psalmen sagt, besonders, da Herders *Vom Geist der Ebräischen Poesie* nur ein Dutzend Jahre zuvor erschienen war. Gleichzeitig mit der allgemeinen Verdrängung des hebräischen Beitrags zur europäischen Pastorale wurde das Märchen verbreitet, Juden seien nie Bauern gewesen, sie seien ein Volk ohne Wurzeln, ohne Bindung an das Land. Trotz der vielen Hinweise im Alten Testament wurden die Juden aus der bukolischen Landschaft praktisch vertrieben. Die Geschichte dieser Vertreibung wird in »Gespräch im Gebirg« heraufbeschworen, durch das irritierend wirkende Eindringen der Juden als Fremdlinge in diese Landschaft: »ging, wie Lenz, durchs Gebirg, er, den man hatte wohnen lassen unten, wo er hingehört, in den Niederungen« (181). Die Enteignung der Hirtenidylle durch das Christentum und dann den Nationalstaat bedeutete, dass die Juden jetzt unbefugte Eindringlinge waren. Und doch hatte die Landschaft einmal auch ihnen gehört. Eine andere, umfassendere Geschichte erinnert uns daran, dass die erste Begegnung auf einem Berg zwischen Gott und Moses stattfand:

Hier erschien ihm ein Engel des Ewigen in der Flamme des Feuers aus dem Dornbusch. Mose sah, wie der Dornbusch brannte, in vol-

lem Feuer, und doch wurde der Dornbusch nicht verzehrt. […]. *Als der Ewige sah, dass er hintrat, um zu sehen, da rief ihm Gott aus dem Dornbusch zu und sprach: »Mose, Mose!« Er sprach: »Hier bin ich.«* (Exodus, 3.2, 3.4)

Die für Mose brennende Flamme erleuchtet durch ungezählte Schabbatkerzen noch immer die Landschaft in *Gespräch im Gebirg*: »denn *sie*, das war ja *seine* Kerze, die Kerze, die er, der Vater unsrer Mütter, angezündet hatte, weil an jenem Abend ein Tag begann« (185). Und die Stimme Gottes ertönt im sprechenden Holz des Stockes: »mein Stock, der hat gesprochen zum Stein, und mein Stock, der schweigt jetzt still« (185). Ohne die Erinnerung an die einzigartige Beziehung der Juden zur erschaffenen Welt könnte man diese Aussage leicht missverstehen: »der Jud und die Natur, das ist zweierlei, immer noch, auch heute, noch hier« (182). Das deutet eher auf ein Glaubensbekenntnis hin als auf eine Entfremdung.

Celans Absicht erschließt sich eher, wenn man berücksichtigt, dass die Vorstellung von der Natur sich mit der Säkularisierung veränderte. Gegen Ende des 18. Jahrhunderts konnte Schiller schreiben: »Auch jetzt ist die Natur noch die einzige Flamme, an der sich der Dichtergeist nähret; aus ihr allein schöpft er seine ganze Macht, zu ihr allein spricht er auch in dem künstlichen, in der Kultur begriffenen Menschen.« Eine solche Anbetung musste gläubigen Juden und Christen gleichermaßen schändlich erscheinen. Folglich brennt in Celans Text nicht die Kraft der Natur, sondern ein göttliches Licht: »ich mit der heruntergebrannten, der Kerze, ich mit dem Tag, ich mit den Tagen« (182). Zu Beginn von *Gespräch im Gebirg* ist die Sonne bereits gesunken – »Eines Abends, die Sonne, und nicht nur sie, war untergegangen« – so dass die Begegnung sich also abends abspielt, doch die Landschaft verliert sich trotzdem nicht in völliger Dunkelheit. Im Verlauf des Gesprächs tritt erneut eine Landschaft ans Licht, die nicht ihnen, sondern uns gehört, eine Landschaft, aus Wörtern, aus Sprache erbaut: »du siehst alle Silben umherstehen; Zunge sind sie und Mund« (182). Die Landschaft der Pastorale kann sogar im Exil zu neuem Leben erweckt werden, und zwar mit genau dem Mittel, das sie einst erschaffen hatte: der Dichtkunst.

Man sollte nicht unterschätzen, wie weit sich der Kampf um den Zugang zur Welt der Berge und um die Bedeutung von Landschaften verästelt. Wenn Celan darauf besteht, dass die brennenden Kerzen an diesen Ort gehören, bestreitet er die Entheiligung der Berge seit dem 18. Jahrhundert, ein Prozess, der immer auch den Ausschluss der Juden implizierte. In Schillers *Der Spaziergang* steigt der Erzähler den Berg hinauf und geht gleichzeitig in der Zeit zurück, löscht auf dem Weg jedoch Moses und Abraham aus. Auf dem Gipfel, dem Höhepunkt, leuchtet nur noch das Erbe der griechischen Klassik: »Und die Sonne Homers, siehe! sie lächelt auch uns.« Wie Theodore Ziolkowski feststellte, sah Schiller in einer Bergbesteigung einen Blick in eine utopische Zukunft: »Der Aufstieg auf einen Berg symbolisiert die Befreiung des Menschen aus der Naturnotwendigkeit und zugleich die Erhebung des menschlichen Bewusstseins.« Die schwinden; das homerische Licht entpuppt sich als kalter Deismus; die Götter sind tot, Gott zeigt sich nicht.

Im 20. Jahrhundert gipfelt die Entheiligung darin, dass das Bergsteigen auf den Tourismus reduziert wird. Das ist die ironische Botschaft von Kafkas *Der Ausflug ins Gebirge*, 1913 veröffentlicht und von Celan ins Rumänische übersetzt. Hier geht es nicht mehr um die Begegnung mit einer heiligen Präsenz in den Bergen, sondern um einen Tagesausflug.

Um 1900 konnte jeder Bürger für den Preis einer Fahrkarte in die Berge oder ans Meer fahren. Man musste kein Prophet oder Poet mehr sein; jeder konnte sich in die Höhe wagen, sogar Niemande: »Ich würde ganz gern – warum denn nicht – einen Ausflug mit einer Gesellschaft von lauter Niemand machen. Natürlich ins Gebirge, wohin denn sonst?« Die Touristen brauchen nicht einmal die passende Kleidung, während sie sich ihrer Entspannung widmen:

Versteht sich, daß alle in Frack sind. Wir gehen so lala, der Wind fährt durch die Lücken, die wir und unsere Gliedmaßen offen lassen. Die Hälse werden im Gebirge frei! Es ist ein Wunder, daß wir nicht singen.

Eine merkwürdige Vorahnung liegt in Kafkas parodistischer Schilderung der »Zurück-zur-Natur«-Bewegung, die im frühen 20. Jahrhundert in die deutschsprachige Welt schwappte; Georg Mosse stellt dar, wie die »Wandervögel« den Boden für den Nationalsozialismus mitbereiteten. Wenn »die Hälse frei werden«, eine ferne Reminiszenz an Schillers Aufstieg zur reinen Freiheit in *Der Spaziergang*, unterstreicht das das Missverhältnis zwischen bürgerlicher Dumpfheit und freier Natur. Doch irgendetwas ist völlig aus dem Ruder gelaufen, denn die Touristen brechen nicht in Gesang oder Poesie aus. Ihr als »ein Wunder« beschriebenes Schweigen verweist auf eine gesellschaftliche und politische Ordnung, die mit dem heiligen Raum der Berge nichts mehr zu tun hat. Moderne Touristen sind sich nicht bewusst, welche Beziehungen zwischen Bergwanderungen und Moses und Aron oder zwischen Augustinus und Petrarca bestehen, sondern sie sind von ihrer eigenen Leere erfüllt: »lauter Niemand.«

In ihrer Anonymität sind solche Individuen sehr gefährlich,

da sie anderen weder schaden noch ihnen helfen: »Ich habe niemandem etwas Böses getan, niemand hat mir etwas Böses getan, niemand aber will mir helfen.« Dieser Satz betont den Unterschied zwischen Kafkas und Celans »Niemand«. Celans anonymer Sprecher könnte als das »Ich« in Kafkas erstem Satz identifiziert werden, der niemandem etwas Böses getan hat. Aber eben diese Niemande standen daneben, als Millionen unschuldige Menschen abgeholt und ermordet wurden, und behaupteten später, sie hätten sich nie aktiv daran beteiligt. Die schwierige, notwendige Aufgabe besteht zum einen darin, den Unterschied zwischen diesen beiden Arten von Anonymität zu erkennen und, noch wichtiger, die Anonymität der Opfer zu überwinden und ihnen ihre Individualität zurückzugeben. Zum anderen muss die Geschichte neu gesehen, die Berge müssen wieder als heilige Stätte wahrgenommen werden. Celans *Gespräch im Gebirg* ist mehr als ein Echo von Kafkas *Der Ausflug ins Gebirge*, vielmehr erweckt es durch den Dialog Stimmen und Identitäten wieder zum Leben. Es ist zwingend notwendig, wenn man Niemande durch Subjekte ersetzt und so der vom modernen Tourismus betriebenen Entheiligung und Entpersönlichung entgegenwirkt. Daher muss auch klar sein, dass Celans Reise in die Schweiz immer mehr als ein Ausflug gewesen war: Es ging ihm nicht um die Landschaft, sondern um die Begegnung mit realen Menschen und um ein substanzielles Gespräch. Der touristische Blick auf die Alpen wäre ein Verrat an Celans Interesse gewesen.

Das Argument, das Thema von *Gespräch im Gebirg* sei Politik genauso wie Poetik, mag unbegründet erscheinen. Angesichts des ungeheuren Drucks, der im 20. Jahrhundert auf Celan und den Juden lastete, wird die Tragweite des Widerstands in Celans Werk oft übersehen, so, als wäre sie sowieso aussichtslos. Durch die Betonung der privaten und persönlichen Themen wurde eine politische Lektüre seines Werks verhindert. Dass Celan Poesie als Medium nutzte, vergrößerte noch die Kluft zwischen seinem Schreiben und der Politik, vor allem, weil politische Dichtung in Verruf geraten ist. Es ist ironisch – oder pervers –, dass die Entpolitisierung der Dichtung durch Adornos Diktum unbeabsichtigt vorangetrieben wurde: »Nach Auschwitz ein Gedicht zu schreiben, ist barbarisch.«

Auch wenn der Wert rein gefälliger Lyrik angesichts des ungeheuerlichen Völkermords bestritten werden sollte, so unterminierte dieser rasch zum Gemeinplatz gewordene Satz die Autorität von Dichtung als Institution. Wenn Dichtung nichts mehr galt, was konnten Dichter dann noch tun als schweigen? Paradoxerweise erschwerte Adornos Satz es den Überlebenden des Holocaust, die sich in Dichtung ausdrücken wollten oder mussten, ihr Publikum zu finden.

In diesem Kontext kann man vermuten, Celan habe gehofft, bei dem geplanten, aber ausgefallenen Treffen mit Adorno auch die Frage der Dichtung zu klären und zu verteidigen. Stattdessen nahm ihr Gespräch die Form eines literarischen Austauschs an. Von Celan kam der Text *Gespräch im Gebirg*, von Adorno der Essay »Valérys Abweichungen«, den er beim Nachdruck 1961 Celan widmete. Beide Texte erschienen 1960 in der *Neuen Rundschau*. Warum Valéry in dem Austausch so viel Raum einnahm, ist eine interessante Frage. Celan arbeitete an der Übersetzung von Valérys »Le jeune Parque« (die Zeilen 1-173 waren 1959 in der *Neuen Rundschau* erschienen). Valérys *Windstriche: Aufzeichnungen und Aphorismen*, auf die Adorno sich bezieht, waren von Bernhard Böschenstein, Hans Staub und Peter Szondi übersetzt worden, Namen, die mit dem geplanten Treffen in der Schweiz verbunden sind. Celan verweist nicht explizit auf Valéry. Wer allerdings wusste, wie Valéry die Beziehung zwischen Dichtung und Politik sah, in der Rückkehr zum Hirtengedicht »die Stimme der Poesie im Gespräch der Menschheit« (Oakeshott) beanspruchte, der konnte Celans direkte Ablehnung Valérys und die indirekte Kritik an Adorno wahrnehmen.

Dieser taktische Zug, die Rückkehr zur Geschichte des Hirtengedichts, war alles andere als abwegig. Von Anfang an bewegte das Hirtengedicht sich im Spannungsfeld zwischen zwei gegensätzlichen Paradigmen der Gesellschaftsordnung: Stadt versus Land. Die Vorteile der Stadt, etwa Bequemlichkeit und Kultiviertheit, werden durch Duldung der Hierarchien von Reichtum und Macht erkauft. Die rohe Einfachheit, die Schäfer und Herden auf dem Land ertragen, wird durch Mußestunden ohne politisches Gezänk ausgeglichen, dafür gefüllt mit Unterhaltungen und Gesang. Die Beziehung zwischen beiden Reichen wird gestört, wenn sie sich gegenseitig ins Handwerk pfuschen. So ist der Konflikt das Thema in Vergils Ekloge 1, beim Treffen zwischen dem heiteren Tityrus und dem traurigen Meloboeus. Tityrus ist aus Rom zurückgekehrt und genießt das Landleben. Meliboeus dagegen hat sein Weideland verloren und muss die Heimat verlassen:

Doch *wir* ziehen hinweg, zu den dürstenden Afrern die einen,
Andre nach Skythien und zum Oaxes, strömend von Kreide,
Und zu Britanniern, weit sich scheidend von sämtlichem Erdkreis.
Werd' ich das Heimatland, ach, wieder nach langem Verweilen,
Und armseliger Hütte Gedeck, aus Rasen geschichtet,
Je auch wenige Ähren, mein Reich einst, staunend erblicken?

Wird dem verruchten Soldaten zum Raub so fleißiger
Neubruch,
Und dem Barbaren die Saat?

Die Geschichte reflektiert historische Ereignisse: Nach der Schlacht bei Philippi 42 v. d. Z. wurden große Ländereien an die Kriegsveteranen verteilt. Offensichtlich bezieht Geßner sich in »Das hölzerne Bein« auf diese Situation, er verwandelt Meliboeus' Klage in eine Rechtfertigung der kriegerischen Auseinandersetzung und unterläuft Vergils Kritik an der Politik. Doch Vergils Gedicht kritisiert das staatliche Handeln und beschreibt eindringlich das Leid der unglücklichen Opfer, das er im Schicksal eines Einzelnen personifiziert. Wie Michael Putnam feststellt, ist das Exil, das Meliboeus erwartet, grundlegend für Ekloge 1:

Wir haben es hier nicht mit zwei räumlich getrennten Ländern zu tun, sondern mit zwei entgegengesetzten Sphären, die man ebenso wenig vergleichen oder vereinen kann wie Erde und Luft oder Wasser und Luft. Die eine ist die Dichtung, deren sichtbare Elemente die Landschaft mit Herden und Quellen bilden. Die andere ist die Realität des aufgezwungenen Exils in so fernen Ländern wie Britannien und Skythien.

Als jemand, der das bittere Exil in all seinen Facetten erlebt hatte, verarbeitete Celan das Wissen um die verheerenden Folgen des Krieges in seiner Neufassung des Geßner-Textes. Gleichzeitig lenkte er den Blick auch auf Vergils Verhältnis zu Rom und zu Kaiser Octavius Augustus. Es wurde viel darüber diskutiert, ob Tityrus Vergil als Nutznießer der kaiserlichen Großzügigkeit verkörpert oder ob seine Sympathien vor allem Meliboeus gelten, ganz sicher aber zielt die Ekloge auf Octavian. Für Servius, einen frühen Kommentator, war die Anspielung eindeutig: »Vergil kritisiert Octavian scharf, hat sich aber an die Wahrheit gehalten: Ein Soldat trägt Waffen und unterwirft andere, menschliches Fühlen ist ihm also fremd.« In jüngerer Zeit hat Annabel Patterson die Ansicht vertreten, dass »Vergil seine eigene Stimme durch die zehn Poeme in strukturelle und linguistische Fragen verwickelt und damit klar gezeigt hat, wie ein Autor sich durch Zerstückelung schützen kann«. Wie dem auch sei – in Ekloge 1 hat der politische Ehrgeiz die Spuren seiner destruktiven Kraft deutlich sichtbar hinterlassen: »Ha, wohin, unglückliche Bürger, hast du geführt, Zwietracht! Sieh, wem wir besäten die Felder!« Die Birnbäume und Weinreben mögen in der Heimat des Meliboeus weiterwachsen, aber für ihn, den Exilierten, werden sie nur noch in seiner Erinnerung blühen.

Und doch – selbst wenn das Hirtengedicht ins Exil getrieben wird, behält es einen Rest von Kraft. Imperien mögen fallen, doch das Gedicht bleibt; bis heute hören wir die Stimme von Meliboeus, nicht die von Octavian. Die Eröffnung von *Gespräch im Gebirg* greift die unterschiedliche Überlebensfähigkeit von Poetik und Politik auf. Die letzte Zeile von Ekloge 1 sieht die Nacht herannahen: »Größere Schatten bereits entsinken den ragenden Bergen.« Heute, 2000 Jahre später, hat die Nacht sich durchgesetzt: »die Sonne, und nicht nur sie, war untergegangen.« Das Partizip Perfekt »untergegangen« ist keine harmlose Metapher, vielmehr spielt sie auf den Untergang von Imperien an, auch den des »Tausendjährigen Reichs« und auf den Titel von Oswald Spenglers *Der Untergang des Abendlandes* (1919-1922).

Nachdem ganze politische Reiche verschwunden sind, erscheinen zwei Überlebende, um Zeugnis abzulegen und ihre Geschichte zu erzählen. Die vom Krieg verwüstete Landschaft ist doch noch als Hirtenland zu erkennen. Und obwohl beide Figuren stammeln und nur mit Mühe zum vertrauten Gespräch zurückfinden, sind sie doch sichtbare Abbilder von Tityrus und Meliboeus und all ihren literarischen Erben. Die Poetik überlebt nicht nur, sondern wagt es sogar, aus dem Raum des Exils heraus die politische Macht in Frage zu stellen: »und der Juli ist kein Juli« (170). Der Juli war einer der beiden Monate, die aus der traditionellen Namensmatrix herausgerissen und nach einem römischen Kaiser umbenannt worden waren. Der andere ist der August. Die indirekte Anspielung auf Augustus in Ekloge 1 nimmt Celan auf ganz subtile Weise auf, wenn das *Gespräch im Gebirg* mit dem Datum schließt: »August 1959«. Die Erwähnung ist ein Denkmal für die Herrschergewalt, aber es steht am äußersten Rand des Textes.

Nicht jeder hält Opposition zur politischen Macht für den Königsweg der Poetik. Ganz sicher nicht der Dichter Paul Valéry in der Einleitung zu seiner Übersetzung von Vergils Eklogen, die er während der deutschen Besatzung Frankreichs 1942-1944 anfertigte und die 1953 schließlich veröffentlicht wurde. Offensichtlich war ihm die Bedeutung des Themas bewusst:

Hier wäre ein passender Ort, um das Verhältnis des Dichters zur Macht zu erörtern. Es ist ein großes, ein ewiges Thema. Hätte ich mich nicht so oft über die Geschichte lustig gemacht, würde ich ein Thema für eine Dissertation oder eine Abhandlung vorschlagen: Über das Verhältnis der Dichtkunst zu unterschiedlichen politischen Systemen oder Regierungen.

Valérys Denken entsprach seine Betonung der elitären Exzellenz: »Man darf auch nicht vergessen, dass jedes durch seine Begabungen hervorstechende Individuum sich in seinem Herzen zu einer bestimmten Aristokratie zählt. Mag er es wollen oder nicht, er kann sich nicht mit den Massen gemein machen […].« Von genau diesen reaktionären Tendenzen versuchte Adorno ihn in »Valérys Abweichungen« freizusprechen. Der Versuch ist aber nicht sehr überzeugend, vor allem in Behauptungen wie »Das rational-konservative Moment bei Valéry ist das herrisch-zivilisatorische, die deklarierte Verfügung des autonomen Ichs übers Unbewußte«. Bevorzugt man eine freiere Auslegung, kann man sich an Valérys Interpretation von Vergils Verhältnis zur politischen Herrschaft berufen. Unter der Annahme, dass Widerstand auf jeden Fall sinnlos gewesen wäre, unterstellt Valéry Vergil, er habe seine Unterwerfung akzeptiert. Vor allem mit Zitaten aus Ekloge 1 erklärt Valéry: »Wie hätte man von ihm erwarten können, dass er die Wohltaten eines Tyrannen ablehnt, dass er kein Loblied auf den Mann singt, der ihm ein friedliches Leben garantiert und damit einen neuen Grund fürs Weiterleben gibt?« Die Verwendung der rhetorischen Fragen, um der Verantwortung auszuweichen, kulminiert in einer gefährlichen Spekulation: »Wenn die Unterwerfung unter einen Despoten und die Annahme seiner Gefälligkeiten, die zum Ausdruck von Dankbarkeit und Lob degeneriert bzw. sich offenbart, eine Grundbedingung für die Entstehung von Werken ist, was soll man dann entscheiden, tun, denken?« Celan hätten derartige Vermutungen abgestoßen. Trotz seiner Nähe zu sozialistischen und anarchistischen Bewegungen hätte er sich nie mit dem Staat eingelassen, schon gar nicht nach dem, was Mussolini, Hitler und Stalin Dichtern angetan hatten. Statt in der Illusion »friedlicher Tage« in einer Tyrannei zu leben, wäre es viel besser, mit Meliboeus ins Exil zu gehen.

Aus dem Englischen von Elisabeth Thielicke

1 Celan 3:217. Die Zitate aus »Gespräch im Gebirg« (3:169-173) beziehen sich auf die unten genannte Ausgabe.

Literatur

Adler, Jeremy. 1995. »Die Besteigung des Mont Ventoux: Francesco Petrarca und die Landschaft«. Übers. Marinus Pütz. *Castrum Peregrini* 44.217-18: 54-72.

Adorno, Theodor W. 1955. *Prismen*. Frankfurt a.M.: Suhrkamp 1976.

Ders. 1974. »Valérys Abweichungen«, *Noten zur Literatur.* Rolf Tiedemann, Hg. Frankfurt a.M.: Suhrkamp: 158-202.

Alpers, Paul. 1979. *The Singer of the* Eclogues: *A Study of Virgilian Pastoral.* Berkeley: University of California Press.

Ders. 1996. *What is Pastoral?* Chicago: University of Chicago Press.

Bersier, Gabrielle. 1989. »Arcadia Revisited: The International Appeal of Geßner's Idylls in the 18th Century.« *From the Greeks to the Germans: Images of the Simple Life.* Reinhold Grimm und Jost Hermand, Hgg. Madison: University of Wisconsin Press: 34-47.

Böschenstein-Schäfer, Renate. 1973. »Anmerkungen zu Paul Celans ›Gespräch im Gebirg‹.« *Über Paul Celan.* Dietlind Meinecke, Hg. Frankfurt a.M.: Suhrkamp: 226-38.

Dies. 1967. *Idylle.* Stuttgart: Metzler.

Buck, Theo. 1995. *Schibboleth: Konstellationen um Celan.* Aachen: Rimbaud.

Burkhardt, Arnim. 1988. »›... als die Lippe mir blutet‹ vor Sprache: Zum Problem des Sprachzerfalls in Büchners *Lenz* und Celans *Gespräch im Gebirg.« Die Fremdheit der Sprache: Studien zur Literatur der Moderne.* Jochen C. Schütze, Hans-Ulrich Treichel und Dietmar Voss, Hgg. Berlin: Argument: 133-55.

Butler, E. M. 1935. *The Tyranny of Greece over Germany.* Boston: Beacon.

Celan, Paul. 1983. *Gesammelte Werke in fünf Bänden. Dritter Band: Gedichte III – Prosa – Reden.* Beda Allemann und Stefan Reichert mit Rolf Bücher, Hgg. Frankfurt a.M.: Suhrkamp.

Clausen, Wendell. 1994. *A Commentary on Virgil, Eclogues.* Oxford: Clarendon.

Donahue, Neil H. 1998. *Voice and Void. The poetry of Gerhard Falkner.* Heidelberg: C. Winter.

Felstiner, John. 1989. »Goodbye Silence: Paul Celan's *Conversation in the Mountains*«. Stanford Humanities Review 1.1: 32-43.

Geßner, Salomon. 1988. *Idyllen.* E. Theodor Voss, Hg. Stuttgart: Reclam.

Glenn, Jerry. 1973. *Paul Celan.* New York: Twayne.

Goethe, Johann Wolfgang. 1987. *Sämtliche Werke nach Epochen seines Schaffens: Münchner Ausgabe.* Karl Richter et al., Hgg. München: Hanser. *Band 1.2: Der junge Goethe 1757-1775.* Gerhard Sauder. Hg.

Grant, W. Leonard. 1965. *Neo-Latin Literature and the Pastoral.* Chapel Hill: University of North Carolina Press.

Hamlin, Hannibal. 2002. »Another Version of Pastoral: English Renaissance Translation of Psalm 23«. *Spenser Studies* 16: 167-96.

Heber-Schärer, Barbara. 1994. *Paul Celan: Gespräch im Gebirg. Eine Untersuchung zum Problem von Wahrnehmung und Identität in diesem Text Celans.* Stuttgart: Heinz.

Hederer, Edgar, Hg. 1957. *Deutsche Dichtung des Barock.* München: Hanser.

Hentschel, Uwe. 1999. »Salomon Geßners *Idyllen* und ihre deutsche Rezeption im 18. und beginnenden 19. Jahrhundert.« *Orbis Litterarum* 54: 332-49.

Ivanović, Christine. 1997. »›Auch du hättest ein Recht auf Paris‹: Die Stadt und der Ort des Gedichts bei Paul Celan.« *Arcadia* 32: 65-96.

Jackson, John E. 1977. »Die Du-Anrede bei Paul Celan: Anmerkungen zu seinem ›Gespräch im Gebirg‹.« *Text+Kritik* 53-54: 62-68.

Janz, Marlies. 1976. *Vom Engagement absoluter Poesie: Zur Lyrik und Ästhetik Paul Celans.* Frankfurt a. M.: Syndikat.

Kafka, Franz. 1983. *Gesammelte Werke.* Max Brod, Hg. *Erzählungen.* Frankfurt a. M.: Fischer.

Kohler-Luginbühl, Dorothee. 1986. *Poetik im Lichte der Utopie: Paul Celans poetologische Texte.* Bern: Peter Lang.

Kohn-Waechter, Gudrun. 1991. »›... ich liebte ihr Herunterbrennen‹: Das Zerschreiben der Opferfaszination in *Gespräch im Gebirg* von Paul Celan und *Malina* von Ingeborg Bachmann.« *Schrift der Flammen: Opfermythen und Weiblichkeitsentwürfe im 20. Jahrhundert.* Gudrun Kohn-Waechter, Hg. Berlin: Orlanda: 219-40.

Leach, Eleanor Winsor. 1974. *Virgil's Eclogues: Landscapes of Experience.* Ithaca: Cornell University Press.

Lenz, Jakob Michael Reinhold. 1992. *Werke: Dramen – Prosa – Gedichte.* Karen Lauer, Hg. München: dtv.

Liu, Alan. 1989. *Wordsworth: The Sense of History.* Stanford University Press.

Lorenz-Lindemann, Karin. 1987. »Paul Celan: Gespräch im Gebirg – ein Palimpsest zu Büchners Lenz.« *Datum und Zitat bei Paul Celan: Akten des Internationalen Paul Celan-Colloquiums Haifa.* Chaim Shoham und Bernd Witte, Hgg. Frankfurt a. M.: Lang: 170-82.

Manger, Klaus. 1987. »Paul Celans poetische Geographie.« *Psalm und Hawdalah: Zum Werk Paul Celans. Akten des Internationalen Paul Celan-Kolloquiums New York 1985.* Joseph P. Strelka, Hg. Bern: Lang: 143-70.

Meyer, Hermann. 1961. *Das Zitat in der Erzählkunst: Zur Geschichte und Poetik des europäischen Romans.* Stuttgart: Metzler.

Mosès, Stéphane. 1986. »Quand la langue se fait voix. Paul Celan: *Entre-*

tien dans la montagne.« Contre-Jour: Études sur Paul Celan. Colloque de Cerissy. Martine Broda, Hg. Paris: Les Éditions du Cerf: 117-31.

Mosse, George L. 1964. *The Crisis of German Ideology. Intellectual Origins of the 3. Reich.* New York: Grosset (deutsch: *Ein Volk, ein Reich, ein Führer. Die völkischen Ursprünge des Nationalsozialismus.* Übers. Renate Becker. Königstein im Taunus: Athenäum 1979).

Oakeshott, Michael. 1991. »The Voice of Poetry in the Conversation of Mankind.« Oakeshott: *Rationalism in Politics and Other Essays.* 1962. Indianapolis: Liberty: 488-541.

Patterson, Annabel. 1987. *Pastoral and Ideology: Virgil to Valéry.* Berkeley: University of California Press.

Putnam, Michael C.J. 1970. *Virgil's Pastoral Art: Studies in the* Eclogues. Princeton: Princeton University Press.

Shestag, Thomas. 1994. »buk«. *Modern Language Notes* 109: 399-444.

Schiller, Friedrich. 1966. *Werke in drei Bänden.* München: Hanser.

Schulz, Georg-Michael. 1979. »Individuum und Austauschbarkeit: Zu Paul Celans *Gespräch im Gebirg.« Deutsche Vierteljahresschrift für Literatur- und Geistesgeschichte* 53.3: 463-77.

Sternberg, Ernest. 1997. »The Iconography of the Tourism Experience.« *Annals of Tourism Research* 24.4: 951-69.

Tobias, Rochelle. 1999. »The Ground Gives Way: Intimations of the Sacred in Celan's ›Gespräch im Gebirg‹.« *Modern Language Notes* 114: 567-89.

Unglaub, Jonathan. 1997. »The *Concert Champêtre*: The Crises of History and the Limits of Pastoral.« *Arion* 5.1: 46-96.

Valéry, Paul: 1958. »Variations on the *Eclogues. The Art of Poetry.*« Übers. Denise Folliot. London: Routlege: 295-312; 343-45.

Virgil. 1984. *The Eclogues.* Übers. Guy Lee. Harmondsworth: Penguin (deutsch: Vergil Eklogen, Übers. C.U. von Osiander, Stuttgart: Metzler 1830).

Wiedemann, Barbara. 1993. »Grischas Apfel und bitteres Staunen: Paul Celans Übertragungen ins Rumänische.« *Celan-Jahrbuch* 5: 139-64.

Zielkowski, Theodore. 1980. *The Classical German Elegy 1795-1950.* Princeton: Princeton University Press.

Ders. 1993. *Virgil and the Moderns.* Princeton: Princeton University Press.

Der Aufsatz erschien 2003 im Original unter dem Titel »Landscapes of Exile: Celan's ›Gespräch im Gebirg‹« in *The Germanic Review: Literature, Culture, Theory, 78:2*, 99-111, Taylor & Francis Ltd. Abdruck mit freundlicher Genehmigung des Verlags.

PATRICIA SCHON
ICH HEBE MEINE AUGEN AUF ZU DEN BERGEN, WOHER WIRD MIR HILFE KOMMEN?

Psalm 24
Wer wird steigen auf den Berg Jehovas, und wer wird stehen an seiner heiligen Stätte? Der unschuldiger Hände und reinen Herzens ist, der nicht zur Falschheit erhebt seine Seele und nicht schwört zum Truge.

Da stand ich also morgens, eben aufgewacht, auf dem großen Balkon und blinzelte ins sonnenüberstrahlte Panorama. Tiefblauer Himmel. Unglaubhaft schön. Ich beugte mich über die Brüstung – und sah auch schon den ersten; den ersten orthodoxen Juden in den Schweizer Alpen.
Genauer gesagt auf dem Rasen vor dem Hotel in Davos, zwei Stockwerke unter mir. Er stand, ganz traditionell gekleidet, neben einem in Trachten gewandeten Schweizer, der sein Alphorn zum Blasen vorbereitete. Beide Männer trugen weiße Bärte, der des Orthodoxen war allerdings länger, beide trugen eine Kopfbedeckung. Sie sahen einander fast ähnlich.
Der Orthodoxe hatte großes Interesse am Alphorn. Der Schweizer zeigte und erklärte. Der Orthodoxe berührte zart das Instrument. Mehr war nicht. Dann kamen Gäste aus dem Hotel, standen mit Sektgläsern herum und warteten auf die angekündigte Brunchmusik. Der Schweizer gab den Musikantenkollegen ein Zeichen, das Blasen der Alphörner begann und der Orthodoxe ging langsam den Pfad hinunter

Richtung Alpinum. Niemand schien ihm besondere Beachtung zu schenken – außer mir vielleicht.
Wir, Michael Melcer und ich, waren wegen der orthodoxen Juden gekommen.
Wir wollten sie erleben, mit ihnen sprechen, sie fotografieren, alles im Auftrag des Jüdischen Museums Hohenems für die Ausstellung »Hast du meine Alpen gesehen?«.
Wir wollten verstehen, warum Orthodoxe hierher in die Schweizer Alpen kommen. Jeden Sommer, und jeden Sommer zahlreicher. Im Jahr 2009 an manchen Wochenenden mehr als 3000 orthodoxe Juden allein in Davos! Kann das sein?
Was tun sie dort? Wo wohnen sie? Wo essen sie? Wo beten sie? Was wollen die dort?
3000 orthodoxe Juden in den Schweizer Alpen! Wie sieht das aus?
Der Reihe nach: Es sieht schwarz-weiß aus. So erkennt man sie selbst auf große Entfernung; schwarz-weiße Tüpfelchen im Gelände. Oft Kinderwagen schiebend. Die Männer meist voraus, die Arme auf dem Rücken verschränkt, miteinander schwatzend. Die Frauen und die zahlreichen Kinder hinterher. Das Schwarz-Weiße ist bedeutender als jede Farbe. Unterscheidung voneinander scheint unwichtig. Nichts hebt sich ab, alles scheint uniform – und hebt sie alle damit so sehr ab von uns, hebt sie ab von der »normalen Welt«.
Sie sehen streng aus in dieser ernsten Kleidung. Anzug, oft dreiteilig, schwarze Schuhe, weißes Hemd, ein hoher Hut. Die langen Schläfenlocken sind befremdlich und lassen die Jungs unter ihnen oft anrührend mädchenhaft und zart wirken. Die weißen Fäden, die unter den Anzugjacken oder -westen seitlich hervorblitzen, erklären sich dem Unwissenden nicht von selbst. Es sind die Fransen, die sogenannten Schaufäden, des kleinen Tallit, des Gebetschals, der unsicht-

bar unter dem Hemd, aber eben auch sichtbar unter der Weste getragen werden kann.
Die Frauen gehen in gedecktem Braun oder Grau, Perücke tragend, feste flache Schuhe unterm Knie bedeckenden Rock. Sie erinnern mich an meine Tanten aus der Eifel. Nichts Modisches ist an ihnen, als stünden sie über solchem Unsinn.
Sie sehen also streng aus und sind – Überraschung! – fast immer sehr vergnügt.
Sie machen Urlaub und genießen es sichtlich. Sie lachen, sprechen viel und vielsprachig und sind ständig auf dem Weg irgendwohin. Bergauf und bergab, mit der Bahn, zu Fuß, mit dem Velo. Man schiebt Kinderwagen, keuchend und sich ins Zeug legend Wege hinauf, die wir uns selbst ohne Kinderwagen kaum zutrauen. Große Strecken werden so mit einem Schwarm von Kindern, mindestens einem Buggy und immer viel Gepäck zurückgelegt.
Rauf über die schmalen Sandwege zur Mittelstation und von da aus weiter, weiter ganz nach oben! Eine kleine Rast, denn die Bahn hat Mittagspause, dann öffnen sich die Glastüren zum Eingang und man strömt im Gänsemarsch in die bereitstehende Kabine. Mutter sammelt alle Kleinen um sich, ein prüfender Blick, dann ein Griff in die Tasche und das Gebetbuch schenkt ein Weilchen Ruhe und Konzentration. Sie betet, den Blick weit in die Landschaft gerichtet, leise vor und zurück schaukelnd, fast im Einklang mit dem schwankenden Kabinenboden, auf dem sie steht.
Man betet und schirmt sich damit ab, ordnet sich zu. Und geht so einem Blick- oder gar Körperkontakt mit dieser irdischen Welt, die einem auf diesen 6 Quadratmetern so sehr auf den Pelz rücken könnte, geschickt aus dem Weg.
Wir anderen bleiben, mehr oder weniger sprachlos und ein bisschen ehrfürchtig vor so viel Religiosität, zurück.

Blick vom Weissfluhjoch

Eine orthodoxe Familie kann ohne weiteres mit 7, 8 oder mehr Mitgliedern in die Kabine einlaufen und dem haben wir anderen, Zweiergemeinschaften oder Kleinfamilien, rein zahlenmäßig wenig entgegenzusetzen. Die gute Erziehung lehrt uns obendrein, dem Betenden Respekt zu zollen, und so lassen wir sie in Frieden, schauen, eher schüchtern, aus den verbliebenen Fenstern, drehen uns weg oder lesen einen Prospekt, den wir zerknautscht in der Manteltasche finden.
Das Miteinander ist schwierig. Beide Seiten scheinen überzeugt: Man mischt sich nicht. Kaum oben angekommen stürzen alle aufatmend aus der Kabine, laufen aus der Bergstation hinaus ins Freie, unter den weiten, alles überstrahlenden, neutralen blauen Himmel der Schweiz.
Michael und ich steigen einen schmalen Pfad auf das Jakobshorn hinauf, sitzen eine gute Weile auf dem Gipfelplattförmchen ins Tal hinunterschauend.
Unter uns ans Geländer gelehnt stehen orthodox gekleidete Männer, die in die Ferne schauen, still und ergriffen, und dann nach unten winken, zu den zurückgebliebenen Frauen. Manchmal sitzen die sportlicheren unter den Söhnen mit uns dort oben, und immer fotografieren sie, die Landschaft und sich gegenseitig, und das Bilderverbot scheint so weit entfernt wie Jerusalem und unwichtig.
Oder bringen wir da etwas durcheinander? Das vielleicht längst reformierte religiöse Bilderverbot mit unserem eigenen Unwohlsein beim Ablichten uns exotisch anmutender Menschen?
Die Frauen unten haben mittlerweile andere Frauen getroffen. Es wird geplaudert und gelacht und gegessen und wieder werden Babys gefüttert und Kekse verteilt und es wird Tee getrunken, Socken werden hochgezogen und Tallitot gerichtet. Niederländisch, Französisch, Englisch, Iwrit, und immer wieder Jiddisch. Alles auf einmal, durcheinander, über-

einander hinwegrufend, gestikulierend, als würde das Gemisch der Sprachen hier eine neue Sprache bilden, die Sprache der Vielwurzler, der Heimatlosen mit vielen Heimaten.
Sind das multikulturelle Familientreffen? Trifft hier der französische Zweig – und ja, sind die Röcke der Frauen nicht einen Deut schicker? – auf den belgischen? Der anmutige Alte mit dem abgegriffenen Stock, kommt der aus Israel? Und klingt der Mittvierziger mit Baseballkappe und Goldrandbrille nicht sehr amerikanisch? Sind die alle verwandt miteinander? Oder kennen sie sich nur vom letzten Jahr?
Sie stehen oft in Gruppen beisammen. Eine einzelne Familie bleibt nicht lang allein. Ist das Schutzsuche? Oder Kontaktfreude? Oder hat sich das Zweite aus dem Bedürfnis nach Ersterem gebildet?
Oben auf der Schatzalp liegt der Traum aller Kinder, auch der orthodoxen: die Sommerrodelbahn. Eltern können hier buchstäblich anwachsen, während der Nachwuchs eine Runde nach der anderen fährt, bis die Sonne hinterm Berg versinkt. Der Rodelbahnführer, ein unfreundlich wirkender Alter, hat alle Hände voll zu tun, die eben noch am Automaten gezogenen Jetons einzusammeln, die zur Fahrt berechtigen.
Manche Träne fließt, weil es schwer ist, einzusehen, dass kein Jeton auch keine Fahrt bedeutet. Meist erweicht sich dann ein Männerherz, ein Portemonnaie wird herausgezogen, eine Münze in den Automaten geworfen – und schon strahlt das Kind. Und der erwachsene Mann legt sich, spitzbübisch grinsend, gleich mit auf den Schlitten!
Auf geht's, langsam erst, eine kurvige Strecke bis hinauf zum Scheitelpunkt der Bahn – sie verschwinden aus unseren Augen –, aber in wenigen Minuten werden sie in halsbrecherischem Tempo um die letzten Kurven jagen und hier unten unterm orangeroten Fransenvorhang hindurchtauchend ins Ziel einlaufen.

Wir sehen einen Halbwüchsigen über die Wiese rennen, als jage ihn der Leibhaftige. Am Handgelenk baumelt der Fotoapparat, und die Schöße seiner schwarzen Anzugjacke kommen kaum hinter ihm her. Eine bestimmte Kurve weiter oben am Berg ist sein Ziel. Dort gelingen die schönsten Schnappschüsse!
Es geht um den kleinen Bruder, das Nesthäkchen der Familie. Zu klein, um allein zu fahren, und deshalb immer auf die anderen angewiesen, kommt er oft zu kurz hier oben auf der Bahn. Aber diesmal liegt der kleine Bruder sicher zwischen den Beinen seines Onkels. Und als die beiden unten am Ziel ankommen, greifen sie im Bruchteil einer Sekunde beide gleichzeitig nach oben, um das Käppi auf dem Kopf festzuhalten. Reines Glück in den Gesichtern.
Auf dem Rückweg sehen wir die Ankündigung eines Reitturniers und aus dem Augenwinkel im Vorbeifahren einen wirklich aufregend orthodox angezogenen Alten, der, die Hände auf dem Rücken verschränkt, den Weg zum Reitplatz hinunterschlendert. Er trägt schwarze Knickerbockerhosen mit derben Schuhen und auf dem Kopf einen hohen Hut, den er mit einer Plastiktüte schützt.
Wir hinterher. Und finden eine wundersame Ansammlung waschechter Davoser, die gekommen sind, die hiesigen Reiter zu bewundern, und ihnen gegenüber, am anderen Zaun sitzend, viele Dutzend Orthodoxe, die dem Geschehen auf dem Turnierplatz mit großer Anteilnahme folgen.
Die lauten jiddischen Kommentare, als ein Pferd vorm Hindernis scheut oder aber ein Reiter besonders stürmisch galoppiert, amüsieren uns. Große Emotionen gibt es, wenn die Reiter besonders jung sind. Eine Zwölfjährige, die mit dem Wagemut und der Unverfrorenheit, ja eben der Chuzpe einer Amazone, ihren Abwürfen entgegenstürmt, wird von unseren Banknachbarn allgemein gefeiert! Ein Kind

ist immer etwas Wunderbares, und Ehrgeiz und Mut sind zweifelsohne beliebte Charakterzüge!
Die Davoser, die vorbeilaufen und auf die andere Seite des Platzes streben, scheinen eher verstört von so viel jüdischer Präsenz bei ihrem örtlichen Sommerereignis. Sie werfen fragende Blicke und es gibt unwillige Kommentare, weil so viele Bänke von den Schwarz-Weißen besetzt sind. Nicht, dass es nicht noch genug freie Plätze gäbe, aber dann müsste man sich mischen – und das will man ja nicht!
In einem Hotel hatte man uns am Vortag gesagt, die jüdischen Gäste seien schon sehr »speziell«, und auf eine Ausführung dieser Bemerkung drängend, erfuhren wir dann, dass die Araber (!) doch kommunikativer seien, und auch mehr Geld im Städtchen ließen. Die Juden dagegen würden ja die ganze Umwelt glatt ignorieren. So als seien die normalen Menschen gar nicht da.
Ein großer Hund streift zwischen den Bänken umher und die orthodoxen Kinder fürchten sich vor ihm. Ein kleines Kind stolpert auf der Flucht vor der Hundenase, die ihm ins Gesicht schaut, aber die Schweizer Hundebesitzer greifen weder ein noch beruhigen sie – ganz so, als sei das Problem gar nicht vorhanden.
Das Ignorieren funktioniert wohl auf beiden Seiten recht gut.
Ein sehr junges Pärchen kämpft sich den Hügel hinauf, sie vornweg stürmend. Später sehen wir die beiden im hohen Gras nebeneinandersitzen und fragen uns, flirten die dort im feuchten Sommergras? Bruder und Schwester? Oder haben die gar schon das erste Kind, gut verwahrt bei der Großmutter, unten am Platz?
Wir können es nicht lesen aus dem, was wir sehen. Es gibt keinen Körperkontakt, der verraten könnte, wen wir vor uns haben. Es gibt keine Blickkontakte, die wir deuten könnten.

Unten an der Straße, entlang des Reitplatzes, geht eine junge Frau in knapp sitzenden Reithosen vorbei, den Helm absetzend und das lange Haar ausschüttelnd. Wie anders.
Ist es das Anderssein, das uns auf beiden Seiten so auf Distanz hält, dass wir uns in Ignoranz fliehen müssen? Ist es mein deutsches, nichtjüdisches Erbe oder einfach ein ganz persönliches Unbehagen gegenüber Religiosität, das mich befangen macht? Die historisch weniger belasteten Schweizer reagieren ähnlich. Und auch die meisten meiner jüdischen Freunde sind keineswegs entspannt im Umgang mit den Religiösen ihres Glaubens.
Einen Tag später suchen wir das Weite. Es treibt uns hinaus aus Davos, Richtung St. Moritz, wo das »älteste koschere Hotel der Welt« liegt, das Hotel Edelweiß, das Synagoge und Mikwe im Haus bietet und uns, als wir auf dem Weg zum See daran vorbeilaufen, den ungewöhnlichen Anblick dreier Orthodoxer, die als Hüte regelrechte Wagenräder aus Pelz auf den geschäftig erhobenen Köpfen tragen. Natürlich fallen sie auf und das führt zu Reaktionen: Jugendliche stoßen sich gegenseitig in die Rippen und wollen sich schier totlachen, und ein Betrunkener reagiert, als hätte er Halluzinationen. Aber die kleine Gruppe stiebt so ungestüm wie ungehindert voran und verschwindet mit wehenden Rockschößen um die nächste Ecke.
Der Gletscher bei St. Moritz heißt Diavolezza. *Die* Diavolezza, denn der weiße kalte Teufel muss weiblich sein. Die Ausläufer des Ewigen Eises sehen wir schon unten im Tal, auf dem Weg zur Luftseilbahn, die uns auf 3000 Meter hinaufbringen soll.
Wir sind unsicher, ob wir hier Orthodoxe treffen werden – weit und breit kein Kinderspielplatz! –, aber wir fragen an der Kasse, wer in der letzten Stunde nach oben gefahren ist, und die Kassiererin antwortet ganz unbefangen: »Ach

ja, vor einer halben Stunde, das werden wohl Juden gewesen sein, drei junge Männer, in diesen typischen schwarzen Anzügen, die haben nach der letzten Abfahrt talwärts gefragt, und dann sind sie losgelaufen. Die haben fit ausgeschaut, die werden bestimmt in einer Stunde oben sein!«
Also gleiten wir in der großen kalten Kabine gipfelwärts, alles weiß um uns herum. Es ist Hochsommer, August, und doch könnte man meinen, dass hier im Gletschergebiet des Oberengadins der Winter bereits gekommen sei. So viel Eis weit und breit.
Nirgendwo schwarz-weiße Tüpfelchen im Gelände. Auch nicht, als wir oben sind. Stattdessen kalt schneidender Wind, knackblauer Himmel, in der Ferne graue Wolkenbänder. Eine deutsche Reisegruppe sitzt im kargen Café der Bergstation und macht lautstark Pause. Das typisch melodiöse Singen des rheinischen Dialektes dringt bis in den kleinen Andenkenshop, in dem man Sweatshirts und Reiseführer und Sonnenschutzcreme kaufen kann. Ich bin vor der Kälte hierhergeflüchtet, drehe nutzlose Souvenirs in den Händen, kaufe schließlich eine heiße Schokolade und gehe wieder nach draußen, und da ist mittlerweile das Dreigestirn orthodoxer bergsteigerischer Energie eingelaufen: drei Brüder, so strahlend, so beseelt vom Aufstieg, der kalten Luft, der untergehenden Sonne, dass es eine wahre Freude ist, sie anzuschauen. Und während Michael mit ihnen spricht und sie fotografieren darf, sitze ich mit der heißen Schokolade in der Cafeteria und staune über die kraftstrotzende Selbstverständlichkeit, mit der die drei hier oben stehen.
Festes Schuhwerk, dreiteilige schwarze Anzüge, weiße Hemden, die Fransen der Tallitot sichtbar unter der Weste, die schwarze Kippa auf dem Haar, blitzende Augen überm eiszotteligen Bart, und all das Glück des gelungenen, zeitigen Aufstiegs in den großen Bewegungen.

Der Älteste legt seine Arme um die beiden jüngeren Brüder und sie strahlen in die Kamera. Später fahren wir mit den drei Brüdern gemeinsam ins Tal. Während die Kabine sich noch rumpelnd in die Zielgerade einfädelt, steht der Jüngste schon ungestüm winkend am Fenster, ein glückliches Kinderlachen im Jungmännergesicht beim Anblick seiner auf ihn wartenden Familie, und die winkt ebenso stürmisch zurück. Man könnte meinen, sie hätten sich Wochen nicht gesehen.

Am nächsten Tag wird uns klar: Verglichen mit St. Moritz ist Davos unbestreitbar eine sommerliche orthodoxe Hochburg. Die Stadt bietet ihren jüdischen Gästen viel Infrastruktur: Bei Spar und EuroSpar gibt es koschere Abteilungen, in denen alles Notwendige, mit dem Stempel des Züricher Rabbinats versehen, eingekauft werden kann. Das örtliche Hallenbad sperrt extra für die orthodoxen Gäste das Bad – einmal für die Männer, einmal für die Frauen – und gewährt ihnen so die Abgeschirmtheit, die sie suchen.

2007 im August sahen wir an einem Freitag, spätnachmittags, Orthodoxe aller Ausrichtungen, festlich gekleidet nach ihrer jeweiligen Tradition, die untere Straße in Davos Platz entlanglaufen. Zügiges Tempo, zielgerichteter Blick, große Familien, kleine Familien, Paare, einzelne Männer, und alle verschwanden in einem betongesäumten Eingang, der ausschaute, als führe er in eine gigantische Tiefgarage. Wie sich herausstellte, war das der unter dem Kongresszentrum Davos liegende Luftschutzbunker, den man für die Sommersaison zur Synagoge umgestaltet hatte. Freitagfrüh wurden dort auf improvisierten langen Tischen Fertiggerichte in großer Zahl angeboten. Gefilte Fish, gehackte Leber, Lokschen, zubereitet in Zürich, überwacht vom dortigen Rabbinat. Es war ein eifriges Treiben hier und die Ware schien heißbegehrt.

Aber man ist flexibel in Davos: 2008 war man umgezogen

und feierte dreimal täglich Gottesdienste in einem stillgelegten Hotel.

Am Sonntag geht es hinauf aufs Rinerhorn. Gleich neben Streichelzoo, Hüpfburg und einem Spielplatz mit Talblick, überfüllt mit ausgelassenen Kindern jüdischer Eltern, liegt die Sonnenterrasse des Restaurants, auf der nicht *ein* Orthodoxer Platz nimmt. Aber was sollen sie auch dort, wenn das Angebot so gar nicht Notiz von ihnen nimmt. Warum gibt es hier keine Sandwiches mit dem heißersehnten Stempel? Oder koscheres Eis für die Kids? Ist es mangelnder Geschäftssinn, den wir hier sehen, oder ist man ganz froh, dass die bizarr gekleideten Gäste draußen – oder besser nebenan – bleiben?

Wir trinken Kaffee, schauen ins Tal und sehen unterhalb unserer Terrasse ein friedliches Bild. Vier, fünf besetzte Stühle nebeneinander, orthodoxe Eltern und Großeltern, mit einem Buch, ruhig lesend, manchmal in die Sonne blinzelnd. Geschützt sitzen sie dort unten, fast als seien sie gar nicht da. Parallele Welten.

Es ist gut, dass wir am selben Tag in der Parsennbahn einen jungen Bahnführer erleben. Wir sind kurz vor der Abfahrt hinunter ins Tal, er sitzt ganz vorn in der Führerkanzel, vor einem Tableau von aufregend wirkenden Knöpfen und Schaltern, und es scheint, als würden alle orthodoxen Kinder Davos' ihn mit einem Mal umringen.

Die Eltern versuchen dem Rummel Einhalt zu gebieten, es fallen die ersten schärferen Worte, das erste Kind fängt an zu weinen, und der ganzen Aufregung einfach Seelenruhe entgegensetzend, nimmt der junge Bahnführer den Kleinsten aus der Gruppe, einen behinderten Jungen, der vor Erregung schon eine Weile auf den Zehenspitzen tanzte und die Hände so sehnsüchtig wie erfolglos nach den Knöpfen ausstreckte, auf seinen Schoß.

Ein helles Lachen ist die Folge, und dann, als die Bahn auf ihrem Gleis hinaus in die verschneite Gipfelwelt fährt, darf der Kleine sogar die laute Hupe ertönen lassen! Die Eltern lächeln, und die anderen Mitfahrenden lächeln. Einen Moment lang ist alles ganz selbstverständlich.

Am letzten Abend nehmen wir die Schatzalpbahn hinauf zu unserem Hotel und finden uns plötzlich umringt von einer ganzen Jeschiwa, die, wie sich im Gespräch herausstellt, ein Sommercamp in den Schweizer Alpen wahrgenommen hat. Die jungen Männer zwischen 16 und 25 Jahren sind mit ihrem Rabbiner unterwegs. Oben auf der Alp nehmen sie den Weg hinauf auf die großen Wiesen oberhalb der Trockenrodelbahn. Sie kommen aus aller Herren Länder und manche haben nie zuvor die Heimat verlassen. Sie schauen sich neugierig um und versuchen zu verstehen, wo sie sind. Einer fragt, ob die große Kugel da vorne Schnee sei? Es ist zur riesigen Rolle geformtes, in weißes Plastik eingeschweißtes Heu. Ein anderer will wissen, ob das dort auf der anderen Seite des Tals Frankreich sei. Nein? Aber wo Frankreich denn dann beginne?

Sie sind fast rührend in ihrer kindlichen Ergriffenheit, ihrer Aufregung, und als der Rabbiner sie auffordert zum Gebet und sie sich alle auf der Wiese nach Jerusalem ausrichten und still werden, scheinen sie sich plötzlich in der Konzentration auf Gott und ihren Glauben vor dieser mächtigen Kulisse der Schweizer Bergwelt nicht nur wohl zu fühlen – sie scheinen hierher zu passen.

Auszug aus dem Essay »Ich hebe meine Augen auf zu den Bergen, woher wird mir Hilfe kommen«, erschienen 2009 im Katalog zur Ausstellung *Hast Du meine Alpen gesehen?*, Jüdisches Museum Hohenems

Die Synagoge B'nai Israel in Woodbourne, NY

JULIAN VOLOJ
ZUR ERHOLUNG IN DIE CATSKILLS

New York, das ist für viele die Stadt, die niemals schläft, doch als letztes Jahr aufgrund der Coronavirus-Pandemie alles zum Stillstand kam, sehnten sich viele New Yorker danach, dem Großstadtdschungel zu entfliehen, und ein beliebtes Reiseziel waren die Catskills, ein Naherholungsgebiet im Bundesstaat New York, etwa drei Autostunden nördlich von Manhattan.

Die Catskill Mountains sind ein Mittelgebirge der Appalachen, die legendäre bewaldete Gebirgskette, die sich von Kanada bis nach Alabama erstreckt und nach dem indigenen Stamm der Apalachee benannt ist. Der Name Catskill kommt jedoch nicht von den Ureinwohnern der Region, sondern von den ehemaligen niederländischen Kolonialherrschern und kann als Katerbach übersetzt werden. Warum die Berge nach einem nicht existierenden Bach benannt wurden, ist nicht bekannt. Einige Historiker vermuten, dass sich einst Berglöwen in der Region befanden, die zumindest den Kater im Namen erklären würden.

Relativ unbekannt, erlebten die Catskills im 19. Jahrhundert erstmals literarischen Ruhm dank der 1819 erschienenen Kurzgeschichte »Rip Van Winkle«. Der Titelheld ist ein niederländischstämmiger Bauer, der zur Kolonialzeit als Untertan des Königs von England in besagten Catskill-Bergen in einen Zauberschlaf fällt, von dem er zwanzig Jahre später plötzlich als freier Bürger der Vereinigten Staaten erwacht. Die fiktive Kurzprosa des amerikanischen Schriftstellers Washington Irving (1783-1859) war wohl von der deutschen

Sage der Bergentrückung inspiriert, nach der sich in einer Höhle des Kyffhäuser der als Barbarossa bekannte Kaiser Friedrich I. mitsamt seinen Getreuen in einem Tiefschlaf befände, aus dem er eines Tages erwachen werde, um das Reich zu retten.

Noch heute finden sich in verschiedenen Dörfern der Region Skulpturen, die einen schlafenden Rip Van Winkle darstellen sollen, und die Kurzgeschichte, ursprünglich Teil einer Sammlung von Erzählungen, findet sich in vielen Souvenirläden. Die Erzählung war der Auslöser für die erste, wenn auch relativ bescheidene, Welle von Tourismus in der Region. Damals erlebte die Dampfschifffahrt einen Aufschwung, was wohlhabenderen New Yorkern ermöglichte, über den Hudson River Ausflüge in die Catskills zu unternehmen.

Die Schifffahrt war auch der Auslöser von zahlreichen Wellen von Massenmigration, die die Hafenstadt New York zu der Metropole machten, die wir heute kennen. Die große Hungersnot, ausgelöst von Missernten, brachte irische Einwanderer, gefolgt von deutschsprachigen Einwanderern, die schon bald der Gegend um die Second Avenue den Spitznamen »Kleindeutschland« einbrachten. Etwa eine Millionen Süditaliener kamen ab 1880 in der Hoffnung, der Armut zu entfliehen und ein besseres Leben in Amerika zu haben, und nahezu zeitgleich kam es aufgrund von zahlreichen Pogromen zur einem Massenexodus osteuropäischer Juden. New Yorks Lower East Side wurde zum Zentrum dieser Auswanderer. Trotz aller Nostalgie, die den heutigen Tourismus motiviert, waren die Lebensbedingungen alles andere als gut und der amerikanische Traum fing für viele als amerikanischer Albtraum an. Die dicht besiedelte Lower East Side war ein Slum, die kleinen Wohnungen in den Mietshäusern, den sogenannten Tenements, hatten oft kein fließendes Wasser, nur eine Toilette pro Etage, und in den heißen Sommermonaten schliefen viele auf den Feuertreppen, um der stickigen Hitze zu entkommen, wie man in den bekannten Bildern des legendären jüdischen Fotografen Arthur Fellig (1899-1968), besser bekannt unter seinem Künstlernamen Weegee, sehen kann.

Abgesehen vom Central Park weiter nördlich in Manhattan gab es damals kaum Grünflächen, zu denen man fliehen konnte. Viele der jüdischen Einwanderer lebten zuvor in kleinen Dörfern, und das Großstadtleben war ihnen schier fremd. Und so entstanden in den 1920er Jahren plötzlich zahlreiche Feriensiedlungen in den Catskills, die von Juden für Juden betrieben wurden, was der Gegend den Spitznamen »Borscht-Belt« (»Borschtsch-Gürtel«) einbrachte, eine Anspielung auf die bei den oftmals russischstämmigen Einwanderern populäre Suppe.

Im Borscht-Belt fanden sich vor allem Mietbungalows, die man auf amerikanischem Jiddisch *Cookalein* nannte, wo man also selbst kochte. Will Eisner (1917-2005), ein Pionier der amerikanischen Comickunst, dessen Klassiker *A Contract with God* allgemein als erste Graphic Novel gesehen wird, eine Bezeichnung, die Eisner selbst popularisierte, setzte diesem Phänomen auch ein literarisches Denkmal. Streng genommen war *A Contract with God* keine Graphic Novel, sondern eine von vier Kurzgeschichten, in denen Eisner die Armut in New Yorks jüdischen Einwanderervierteln beschreibt. In der letzten Geschichte in diesem Zyklus geht es darum, wie gestresste Großstädter der Sommerhitze in die Catskills entfliehen und sich dort neu erfinden, doch sobald der Sommer vorbei ist, muss man zurück in die deprimierende Realität des Alltags. Die meisten leben in einem *Cookalein* (so auch der Titel der Kurzgeschichte), doch wer es sich leisten kann, verbringt den Sommer bei »Grossman's«, einem Erlebnishotel, was eine Anspielung auf das damals sehr populäre Grossinger's Catskills Resort Hotel war, eines der größten jüdischen Hotels in der Gegend, das allen Komfort hatte, den man sich vorstellen konnte, etwa ein großes Hallenbad, einen Theatersaal und selbstverständlich koschere Küche.

Das Hotel wurde von dem in Polen geborenen Asher Selig Grossinger (1867-1931) gegründet, der Anfang des 20. Jahrhunderts ein Pionier des jüdischen Tourismus in den Catskills wurde. Was zunächst mit der Vermietung von Zimmern an jüdische Kurzurlauber aus New York City anfing – für einen Aufpreis kochte seine Frau koscheres Essen –, entwickelte sich zu einem riesigen Komplex mit 35 Gebäuden und über 150 000 Gästen pro Jahr. Grossinger's war auch Inspiration für das Kellerman's Mountain Resort in *Dirty Dancing*, dem Kultfilm des Jahres 1987.

Auch wenn die Mehrheit der New Yorker Juden die Catskills hauptsächlich als Sommerdestination wahrnahmen, so ließen sich Anfang des 20. Jahrhunderts immer mehr Juden in der Region nieder und arbeiteten in der Landwirtschaft. In dieser Zeit entstand eine Reihe von Synagogen in den Dörfern der Region, oftmals in der Architektur der Schtetls.

Der wohl bekannteste jüdische Bauer der Region war Max Yasgur (1919-1973), der eine Molkerei in Bethel betrieb. Als im Sommer 1969 verzweifelt nach einem Austragungsort für ein chaotisch organisiertes Musikfestival gesucht wurde, stellte Yasgur ein Gelände auf seiner Farm zur Verfügung. Auch wenn der drei Tage lange Konzertmarathon in Bethel stattfand, so wurde das legendäre Festival nach dem eigentlich geplanten Austragungsort benannt: Woodstock Music and Art Fair.

Nach dem Zweiten Weltkrieg entdeckte eine neue Gruppe von Juden die Catskills: Holocaustüberlebende, die in New

York ein neues Leben anfangen wollten. Marc Chagall (1887-1985) fand hier nach dem Tod seiner Frau Bella einen Zufluchtsort. Der Maler lebte von 1946 bis 1948 in High Falls, einem kleinen Ort mit ein paar Hundert Einwohnern, und schuf hier über neunzig Bilder.

Doch die neue Mobilität der Nachkriegsgeneration kreierte eine Sehnsucht nach exotischeren Ferienorten. Die Catskills waren zwar immer noch attraktiv für Kurzausflüge, doch das Interesse an den großen Resorthotels nahm ab. In den 1980er Jahren waren die meisten von ihnen geschlossen.

Nach dem Zweiten Weltkrieg wurde Brooklyn das neue Zentrum von chassidischen Juden. Wie andere Juden Jahrzehnte zuvor zogen sie aus kleinen osteuropäischen Dörfern in die Großstadt New York. Durch den Kulturschock entstand eine Sehnsucht nach Natur, und während die nun amerikanischen Juden ihre Ferien in Miami, Las Vegas oder Havanna verbrachten, übernahmen die charedischen Neueinwanderer das Naherholungsgebiet der Catskills. Heute finden sich hier viele Ferienlager für Kinder und Familien von Satmar und anderen ultra-orthodoxen Juden aus Brooklyn.

Aber es sind nicht nur Orthodoxe, die das jüdische Leben in den Catskills ausmachen. Aufgrund der horrenden Immobilienpreise in der Stadt New York sind in den letzten 15 Jahren viele junge, im Kreativbereich arbeitende Juden in die Region gezogen, die zunehmend die Kulturszene bereichern. Darunter etwa die aus Brooklyn stammende Fotografin Marisa Scheinfeld, deren Projekt »The Borscht Belt« die Ruinen der vielen Resorthotels der Catskills, darunter auch Grossinger's, dokumentiert. Für eine junge Generation von amerikanischen Juden sind die Catskills eine Welt, die es ihnen ermöglicht, sich mit ihren eigenen Wurzeln auseinanderzusetzen.

Dies ist ein Prozess, der 2020 beschleunigt wurde. Als das Leben in der Stadt aufgrund der Pandemie abrupt zum Stillstand kam und viele den *Lockdown* in ihren kleinen New Yorker Wohnungen verbrachten, entstand eine große Sehnsucht nach Natur. Zwar war die Situation nicht dieselbe wie noch vor einem Jahrhundert, und es gibt in der Stadt wesentlich mehr Grünflächen, aber in der überfüllten Millionenmetropole war *socialdistancing* ein Problem. Die Catskills wurden wiederentdeckt.

Von Tagesausflügen bis hin zu monatelangem Exil, zahlreiche junge Menschen zog es im vergangenen Jahr in das Naherholungsgebiet. Viele Wohnungen und Bungalows in der Region haben jedoch keine Heizungen und können nur saisonal genutzt werden, so dass viele im Herbst nach New York City zurückkehrten. Da aber sowohl der Schulbetrieb wie auch das Homeoffice inzwischen digital stattfinden und von überall her betrieben werden können, erlebt die Region momentan einen Boom auf dem Immobilienmarkt. Ein neues Kapitel in der Geschichte der Catskills hat wohl angefangen.

YAEL KUPFERBERG

ZUM NATURVERSTÄNDNIS DES JUDENTUMS

Gesetz und Geschichte sind die Fundamente des Judentums, in dieser Spannung bewegt sich jüdische Existenz.[1] Sie ist von Traditionstexten sowie von der realen Geschichte, dem Leben in der Diaspora und in Israel, durchwirkt und geprägt; wobei von dem einen Judentum nicht zu sprechen ist. Ein Jüdischer Garten, wie er in Berlin geplant ist,[2] sollte dies beachten, um weder Kitsch zu sein noch mit eigenen oder fremden Symbolen beladen zu werden. Ein hiesiger Garten kann und sollte sowohl das Leben in der Diaspora – auch als positive Erfahrung, als vielfältige jüdische Existenz – aufgreifen als auch das heutige Israel einbeziehen. Überdies sollte im Jüdischen Garten auch ein historisches Bewusstsein zum Ausdruck kommen; in Deutschland wird er kaum ohne den Verweis auf die Shoah auskommen.

In der Diaspora bildete sich keine genuin jüdische, d.h. repräsentative Gartenkultur aus; ein kleines Fleckchen Erde diente der Pflanzung von Kräutern, Gemüse und Obstbäumen für den eigenen Bedarf, als Nutzgarten kommt er der jüdischen Praxis wahrscheinlich ideell und historisch näher. Eine allein formschöne oder skulpturale Gestaltung des Gartens, in dem Pflanzen künstlich, nach ästhetischen Vorgaben geformt werden, entspricht nicht der Ethik des Judentums.

Denn Natur erscheint im Judentum nicht als Mittel, sondern selbst als Zweck – in biblischer Sprache: als Schöpfung. Natur im Judentum wird weder überhöht noch unterdrückt. Sie ist Leben und Sinnlichkeit und untersteht weniger dem Primat des ausschließlich Schönen – jedoch durchaus der

Obhut des Menschen, dem es obliegt, verantwortungsvoll mit ihr umzugehen. Daran zeigt sich auch, dass im Judentum die ethische Praxis, nicht das Bekenntnis, im Mittelpunkt des religiösen Lebens steht. Dieses Primat der Praxis ist im Alltag verankert, wurde jedoch auch ins säkulare Judentum als ethisches Bewusstsein, als Erfahrung überführt.
An *Tikkun olam*, der Heilung und Reparatur der Welt mitzuwirken war bereits die zentrale Botschaft der jüdischen Propheten. Dazu gehört auch, die Natur zu erhalten und verantwortungsbewusst mit ihren Ressourcen umzugehen. Die Lehren von Tora und Talmud enthalten zahlreiche Weisungen und Gebote, die sich direkt oder indirekt mit dem Verhältnis des Menschen zu Umwelt und Natur beschäftigen. Die Lehren zeugen von einem bewussten, schonenden und respektvollen Umgang und gelten als ein frühes Naturschutzrecht. Das grundlegende Gebot ist es, keinem Lebewesen Schmerz zuzufügen und die Lebensgrundlagen nicht zu zerstören. Darüber hinaus sind zahlreiche Ge- und Verbote bezüglich des Verhältnisses von Mensch und Umwelt definiert.

Mensch & Natur

Dass das Verhältnis von Mensch und Natur einen prominenten Platz in der jüdischen Tradition einnimmt, bezeugt im 1. Buch Moses, 1:28 folgender Satz: »Seid fruchtbar und vermehrt euch, bevölkert die Erde, unterwerft sie euch und herrscht über die Fische des Meeres, über die Vögel des Himmels und über alle Tiere, die sich auf dem Land regen.«
Keineswegs geht es um eine Ausbeutung der natürlichen Ressourcen, sondern, so die Gelehrten, hier wird verdeutlicht, dass der Mensch die Erde gebrauchen darf und soll, je-

doch weder ausbeuten noch missbrauchen und niemals ihre Existenz gefährden. Die Pflicht zum sorgsamen Umgang mit der Natur als zentraler Bestandteil jüdischer Ethik ist hier klar formuliert: Der Mensch trägt die Verantwortung über einen ausgewogenen Umgang; er soll die Erde »behüten«. In *Sprüche der Väter* (hebr. Pirqe Avot) heißt es: »Der Mensch ist freier Partner G'ttes, bei der Gestaltung und Vollendung der Welt.« (Pirqe Avot, IV, 6) Im Talmud wird erzählt, G'tt habe den Menschen in der Stunde, in der er ihn erschaffen hatte, an allen Bäumen des Garten Eden vorbeigeführt und folgende Worte gesprochen: »Sieh meine Schöpfungen, wie schön und wundervoll sie sind. Alles, was ich geschaffen habe, habe ich nur für dich getan. Bedenke dies und zerstöre und vernachlässige nicht meine Welt. Denn wenn du sie erst zerstört hast, ist nach dir keiner mehr da, der sie wieder reparieren kann.«

Dabei erscheint der Baum als kraftvolles Symbol für das Leben. Er wird in der Hebräischen Bibel hundertfünfzig Mal erwähnt, als die größte und langlebigste Pflanze. In der Erde verwurzelt, scheinen seine Blätter in den Himmel zu reichen: »Wie die Tage eines Baumes«, so sollen »die Tage meines Volkes« sein, heißt es in Jesaja (65:22). Der rechtschaffene Mensch »wird sein wie ein am Wasser gepflanzter Baum«, so der Prophet Jeremia (17:8).

Im 5. Buch Moses, 20:19, wird der Mensch mit einem Baum verglichen: »Denn der Mensch ist wie ein Baum des Feldes.« Dieser Satz fällt im Zusammenhang mit dem Verbot, in einer belagerten Stadt Obstbäume zu zerstören. Überhaupt ist die mutwillige Zerstörung von Natur untersagt. »Zerstöre nicht!« ist in den Kriegsvorschriften als Verhaltenskodex in kriegerischen Auseinandersetzungen (5. Buch Moses, 20) festgelegt. Es bezieht sich auf Tiere, Pflanzen und Bäume und wurde auch auf nicht lebende Objekte ausgeweitet.

Der mittelalterliche Gelehrte Abraham Ben Ezra verweist darauf: Der Baum versorge den Menschen mit Früchten, Holz, Schatten und vielem mehr. Rabbiner Akiva Wolff vom Center for Business Ethics in Jerusalem betont, dass ein Baum aus den Elementen wie Sonnenlicht, Wasser und Erde die elementaren Grundlagen für unser Leben schafft. Danach solle der Mensch streben; indem er nachhaltig Energie gewinnt, durch Sonnen- oder Windkraft.

In *adam* (Mensch) konzentriert sich die Dimension des Verhältnisses von Mensch und Natur, Mensch und Erde: Von *adam* leiten sich die Worte *dam* (Blut) und *adama* (Erde) ab. Der Mensch ist gleichsam eingebunden – er ist Natur, erschaffen aus Erde, wortwörtlich aus der »Erde vom Ackerboden«. G'tt selbst haucht *adam* Lebensatem ein (hebr. nishmat chajim: »lebendige Seele«). Die Vereinigung des Stofflichen und des Geistigen, als seelische und leibliche Wirklichkeit, macht den Menschen zum Menschen.

Der ursprüngliche Ort des *adam*, so wie es am Anfang heißt, ist *Gan Eden*. Es ist ein Ort der »Wonne«, der »Üppigkeit«, der »Lieblichkeit«, in den G'tt den Menschen stellt. Das ist seine erste, glückvolle, vollkommene Umwelt. Fruchtbarkeit zeichnet den Garten aus; G'tt ließ jeden Baum wachsen, der »lieblich« anzusehen ist und dessen Früchte nährten. Auch der »Baum des Lebens« und der »Baum der Erkenntnis des Guten und des Bösen« (1. Buch Moses, 2:8-15) stehen hier. Eden ist vor allem ein fruchtbarer Ort; *adam* wurde in den Garten gestellt, um ihn zu bebauen und zu bewahren. Aus Eden ging, so die Überlieferung, ein Strom hervor, um den Garten zu bewässern; er teilte sich von dort aus in vier Teile. Zwei dieser Flüsse können als Euphrat und Tigris identifiziert werden. Nachdem *Chawa* (Eva) und Adam von dem verbotenen Baum der Erkenntnis gegessen hatten, wurden sie aus dem Garten vertrieben. *Cherubim* (Engel) wurden eingesetzt, um den Weg zum Baum des Lebens zu bewachen (1. Buch Moses, 3:23-24). Seit der Vertreibung von Adam und Chawa aus dem Garten Eden wurde der Mensch mit Last und Schmerz belegt – so der Traditionstext – und: Sie sind für ihr Handeln verantwortlich.

Schabbat & Landwirtschaft

Die Einführung eines wöchentlichen Ruhetages, des *Schabbat*, der die Schöpfung im Alltag spiegelt, regelt das Verhältnis von Arbeits- und Ruhephasen. Diese Ruhezeit wird auch dem Feld zuteil: Das siebte Jahr, die *schmitta*, das Schabbatjahr, gönnt dem Boden Ruhe:[3] »So ihr in das Land kommt, das ich euch gebe, so feiere das Land eine Feier des Ewigen. Sechs Jahre besäe dein Feld und sechs Jahre beschneide deinen Weinstock und sammele seinen Ertrag ein. Aber im siebten Jahre sei eine Schabbatfeier für das Land, eine Feier des Ewigen; dein Feld sollst du nicht besäen und deinen Weinstock nicht beschneiden. Den Nachwuchs deiner Ernte sollst du nicht ernten und die Trauben deiner ungepflegten Weinstöcke sollst du nicht lesen; ein Feierjahr sei für das Land.« (3. Buch Moses, 25)

Damit wird dem Menschen auch die Hoheit G'ttes über den Boden und dessen Ertrag bewusst; so gehörte zur Verheißung G'ttes explizit das Versprechen einer gesicherten Lebensgrundlage und Versorgung: »Denn der Ewige dein G'tt bringt dich in ein schönes Land, ein Land der Wasserbäche, Quellen und Seen, die in der Ebene und im Gebirge entspringen; ein Land des Weizens, und der Gerste und des Weinstockes, und des Feigenbaumes, und der Granate; ein Land der Ölbeere und des Honigs. Ein Land, darin du nicht kümmerlich Brot essen musst – du wirst an nichts darben darin; ein Land, in dessen Steinen Eisen ist, und aus seinen Gebirgen wirst du Kupfer hauen. Und du wirst essen und satt werden und du sollst segnen den Ewigen deinen G'tt für das schöne Land, das er dir gegeben.« (5. Buch Moses, 8:7-10)

Kaschrut

Kaschrut (Tauglichkeit: koscher, tauglich, rein) bezeichnet die jüdischen Speisegesetze, jedoch nicht ausschließlich; der *Kaschrut* liegt das Prinzip der Trennung zugrunde. Ihre Einhaltung diene, so die Ausdeutung, der Erziehung des Menschen, denn sie fordert und fördert die Sublimation. Koscher bedeutet dem jüdischen Gesetz gemäß. Nicht nur Lebensmittel werden der Reinheit und Tauglichkeit unterworfen. Kleidung, Accessoires, Medikamente und alle Produkte, die tierischen und pflanzlichen Ursprungs sind, können unter diesen Aspekt fallen. *Kaschrut* kann auch auf Handlungen übertragen werden. Arbeitnehmerrechte, Tierrechte oder Geschäftsethik können hinsichtlich einer »ethischen Kaschrut« überprüft werden.
»Unter deinem Vieh sollst du nicht zwei Tiere verschiedener Art sich begatten lassen. Dein Feld sollst du nicht mit zweierlei Arten besäen. Du sollst kein aus zweierlei Fäden gewebtes Kleid anlegen.« (3. Buch Moses, 19:19)
Letzteres betrifft nicht nur Kleidung; auch Polster, Teppiche, Tücher und Matten unterliegen dem Verbot. Wolle und Leinen dürfen nicht gemischt werden. Sollte es zur Vermischung von kultivierten Pflanzen kommen, so darf aus dem Getreide oder Gemüse kein Nutzen gezogen werden, es darf weder verzehrt noch verkauft werden. Auch bei der Zucht von Tieren bzw. dem Aufpfropfen von Pflanzen sind Kreuzungen verboten.

Ein Gesetz zur Erzeugung von koscherem Wein verbietet es, zwischen den Rebenreihen andere Pflanzen zu säen: »Du sollst in deinem Weinberg keine anderen Pflanzen anbauen, sonst verfällt das Ganze dem Heiligtum, sowohl was du zusätzlich angebaut hast als auch was der Weinberg trägt.« (5. Buch Moses, 22:9)

Feiertage

Auch jüdische Fest- und Feiertage fördern das Wohl aller Lebewesen, und viele jüdische Feiertage folgen dem landwirtschaftlichen Rhythmus. Die zwei Feste, die einen expliziten landwirtschaftlichen Bezug haben, sind Sukkot (Laubhüttenfest) in der Zeit der Ernte und Tu Bischwat. Tu Bischwat steht als Tag des Dankes für die harmonische Beziehung zwischen G'tt, dem Menschen und der Natur. So wie der 1. Tischri (September/Oktober) Beginn der Jahreszählung für die Menschen ist, so wird für Bäume und Pflanzen das Jahr ab dem 15. Schwat gezählt. An diesem Tag werden die Setzlinge gepflanzt, so dass die Geburtstage der Bäume bestimmbar sind. Das ist wichtig, denn in den ersten drei Lebensjahren eines Baumes darf dieser nicht beschnitten und seine Früchte dürfen nicht gegessen werden, um dem Baum ungestörtes Wachstum zu ermöglichen. An Tu Bischwat wird der Tisch mit den »Sieben Arten« gedeckt, mit denen das Land Israel gesegnet wurde: »Denn der Ewige, dein G' tt, bringt dich in [...] ein Land mit Weizen und Gerste, mit Wein, Feigen und Granatäpfeln, in ein Land mit Oliven und Dattelhonig.« (3. Buch Moses, 8:8) Überhaupt dürfen Pflanzen und Früchte bei Festen nicht fehlen. Die Früchte der »Sieben Arten« sind immer Teil der Tradition.
Zu Schawuot beispielsweise wurden von den Bauern Israels

die Erstlingsfrüchte der »Sieben Arten« im Tempel dargebracht. Auch an Tu Bischwat werden mindestens fünfzehn verschiedene Früchte gegessen.
Zu Rosch haschana werden u.a. Datteln, Weintrauben und in Honig getauchte Apfelscheiben gegessen. Dieses Ritual verleiht der Hoffnung Ausdruck, dass das kommende Jahr ein gutes und »süßes« werde. Auch der Granatapfel, der so viele Kerne enthält, ist symbolisch und man spricht dazu: »Möge es Dein Wille sein, dass unsere Rechte sich wie der Granatapfel mehren.«
Sukkot ist das Fest der Ernte. »Am fünfzehnten Tag des siebten Monats, wenn ihr den Ertrag des Landes erntet, feiert sieben Tage lang das Fest des Herrn! Am ersten und am achten Tag ist Ruhetag. Am ersten Tag nehmt schöne Baumfrüchte, Palmwedel, Zweige von dicht belaubten Bäumen und von Bachweiden und seid sieben Tage lang vor dem Herrn, eurem Gott, fröhlich! Feiert dieses Fest zur Ehre des Herrn jährlich sieben Tage lang! Das gelte bei euch als feste Regel von Generation zu Generation. Ihr sollt dieses Fest im siebten Monat feiern. Sieben Tage sollt ihr in Hütten wohnen. Alle Einheimischen in Israel sollen in Hütten wohnen, damit eure kommenden Generationen wissen, dass ich die Israeliten in Hütten wohnen ließ, als ich sie aus Ägypten herausführte. Ich bin der Herr, euer Gott.« (3. Buch Moses, 23:39-44)
Nach dem Auszug aus Ägypten, der jährlich mit Pessach erinnert und gefeiert wird und in der Zeit der ersten Gerstenernte liegt, wanderten die Israeliten vierzig Jahre durch die Wüste, bis sie das Gelobte Land erreichten, so der biblische Text.
Sukkot war zunächst ein Erntedankfest. Nach dem Babylonischen Exil bekam es eine zusätzliche Bedeutung: Die Laubhütten, in denen die Bauern und Winzer einst während der Erntezeit in weit vom Dorf gelegenen Feldern unter-

kamen, symbolisieren die provisorischen Wohnstätten während der vierzig Jahre währenden Wüstenwanderung. Das heutige Ritual, alle Mahlzeiten in der *Sukka* einzunehmen, soll auch an die Fragilität und Vulnerabilität unserer Existenz erinnern. Die *Sukka* soll unter freiem Himmel stehen, aus Pflanzen errichtet und so abgedeckt werden, dass mehr Schatten als Licht im Raum ist und nachts die Sterne zu sehen sind. Der Feststrauß für Sukkot ist *lulaw* und besteht aus vier Arten: Palmwedel, Etrog (Zitronatzitrone), Myrte und Bachweide. Dieser Bund wird beim Gebet dreimal nach Osten, Norden, Westen und Süden, dann gen Himmel und zur Erde geschwungen. Dieses Ritual verweist auf die Bauern, die im Herbst G'tt um Regen baten.

Ein mittelalterlicher Midrasch führt Pflanze und Mensch zusammen, um über Israel als Gemeinschaft eine Aussage zu treffen: »Wie eine Zitrusfrucht sowohl Geschmack hat als auch einen lieblichen Geruch, so gibt es in Israel Menschen, die sowohl gelehrt sind als auch ihren Glauben leben. Wie die Früchte eines Palmzweigs zwar Geschmack haben, aber geruchlos sind, so gibt es in Israel Menschen, die gute Werke tun, aber keinerlei Gelehrsamkeit besitzen. Wie Weidenzweige weder essbar sind und noch einen angenehmen Geruch verbreiten, so gibt es Menschen, die weder gelehrt sind noch gute Werke tun. G'tt, die Heiligkeit G'ttes sei gepriesen, sagt: Damit Israel nicht untergeht, lasst sie alle zusammengebunden sein, wie die Pflanzen zu einem Bund zusammengebunden sind, so dass die Gerechten unter ihnen für die anderen Sühne bewirken.« (Midrasch Pesikta Rabbati 51,2)

Goldene Regel

Es gibt eine Goldene Regel im Judentum, die ein Midrasch überliefert. Als Hillel aufgefordert wurde, die Tora kurz zusammenzufassen, antwortete er: »Was dir nicht lieb ist, das füge auch deinem Nächsten nicht zu.« Diese Regel bildet nicht nur den Grundsatz des Judentums – sie ist in vielen Religionen und Kulturen fester Bestandteil der praktischen Ethik. »Was dir nicht lieb ist«; dieser Satz setzt voraus, dass der Mensch sich selbst lieben, zumindest akzeptieren sollte, dass er das Wohl aller möchte, auf Versöhnung mit sich, mit seiner Umwelt und der Natur aus ist. Die Versöhnung mit der Natur, die der Mensch selbst ist, heißt, die Entfremdung zumindest wahrzunehmen und wo möglich aufzuheben.

1 Siehe Dan Diner, Einleitung, in: Enzyklopädie jüdischer Geschichte und Kultur. Gesamtwerk in 7 Bänden inkl. Registerband. Im Auftrag der Sächsischen Akademie der Wissenschaften, hg. von Dan Diner, Stuttgart 2014, hier Band 1, 6-18.

2 In den »Gärten der Welt« Berlin Marzahn-Hellersdorf wurde auf Initiative der Allianz Umweltstiftung und in Abstimmung mit dem Land Berlin ein jüdischer Beitrag zur Komplettierung der Darstellung der großen Weltreligionen und Weltanschauungen realisiert. Das Projekt wurde von der Allianz Umweltstiftung, der Axel Springer Stiftung und der Deutschen Bundesstiftung Umwelt gefördert.
Der vorliegende Text ist eine gekürzte und veränderte Fassung der Studie zu »Zum Naturverständnis des Judentums«, die dem Gestaltungswettbewerb zum »Jüdischen Garten in den Gärten der Welt Berlin Marzahn-Hellersdorf« als Auftragsarbeit zugrunde lag, hrsg. v. Grün Berlin GmbH, redaktionell betreut v. Frank Sadina, Berlin 2018. Der Garten, so die Planung, eröffnet im Herbst 2021. Die Studie ist eine Handreichung, die über Grundlagen des Judentums informiert. Hier einsehbar: https://gruen-berlin.de/downloads?sort=field_file_date_value%20ASC&page=21.

3 Dieses Gesetz gilt nur für die Landbewirtschaftung in Israel und ist nach dem jüdischen Kalender ein festgelegtes Jahr. Das Schmitta-Gesetz war im Exil bzw. in der Diaspora ein theoretisches.

JEREMY BENSTEIN
JÜDISCHE QUELLEN FÜR UNSERE VERANTWORTUNG FÜR DIE WELT

Wäre die Bibel die Geschichte eines einzelnen Volkes oder die Niederschrift einer bestimmten Tradition, dann käme sie ganz wunderbar ohne die Anfangskapitel des Buchs Genesis aus. In diesen Kapiteln wird eine kosmische Geschichte erzählt, die frei von jedweder Gesetzgebung und nationalistischer Narrative eines Volkes ist. Diese Gesetze und Erzählungen werden erst in den späteren Bibelteilen in den Kontext der gesamten Schöpfung eingegliedert. In Genesis wird vielmehr ein komplexes Schöpfungsbild gezeichnet, und die Menschen werden als eine universelle Familie beschrieben, die sich später in unterschiedliche Zweige aufspaltet. Zudem stellt Genesis diese komplizierten und manchmal widersprüchlichen Beziehungen sowohl deskriptiv als auch präskriptiv dar.

Ultrakonservative Leser sehen Genesis als wissenschaftliche Quelle, die auf unbestreitbaren, empirischen Daten beruht und die Entstehung der physischen Welt beschreibt. Dabei ist Kreationismus in der jüdischen Welt nicht weit verbreitet. Das liegt hauptsächlich an der Sichtweise des Midrasch, die besagt, dass ein Text aus der Zwangsjacke des wortwörtlichen Sinns befreit werden soll.

Mehr noch: Nach traditioneller jüdischer Auffassung würde ein eingehendes Studieren der Schöpfungsgeschichte, die einige der grundlegenden Geheimnisse des Lebens beschreibt, den Kern (*ikkar*) verfehlen und sich auf triviale, zeitlich begrenzte Ereignisse (*sha'a*) konzentrieren, anstatt

die Bedeutung der ewigen spirituellen Wahrheiten (*netzach*) zu verstehen. Wir suchen nach Werten, nicht nach Fakten.
Ein weiterer Ansatz ist, die Bibel als religiöses Buch über Gott zu sehen und sie aus theologischen Gründen zu lesen. Rabbi Abraham Joshua Heschel hingegen sieht die Bibel weniger als menschliche Theologie denn als ›göttliche Anthropologie‹ – so wie Gott die Menschen sieht. Demzufolge suchen wir weniger nach wissenschaftlichen, historischen oder theologischen Fakten, sondern nach Verständnis für die menschliche Existenz und unseren Platz in der Welt.
Unsere Rechte und Pflichten in der Welt werden in anderen Teilen der Bibel und in der rabbinischen Literatur ausführlich beschrieben und spezifiziert, aber die Basis ist in Genesis und den Schöpfungsgeschichten verankert. Ja, *Geschichten*, da Genesis zwei unterschiedliche Versionen der Entstehung der Welt und der Menschen präsentiert. Beide Versionen sind vielschichtig und voller komplexer Bedeutungen. Beim vergleichenden Lesen fällt auf, dass in diesen Geschichten (in Kapitel 1 und 2) ein facettenreiches Porträt gezeichnet wird, das den unterschiedlichen Subjekten gerecht werden will: dem Schöpfer, dem Schöpfungsprozess, der Schöpfung und den Geschöpfen, einschließlich uns selbst.
Der Bibelwissenschaftler und Literaturkritiker Robert Alter zieht die Parallele in der Kunstfertigkeit des biblischen Autors/Herausgebers zu der eines postkubistischen Künstlers, der es schafft, unterschiedliche Perspektiven eines mehrdimensionalen und sogar widersprüchlichen Themas in ein und demselben Text zu präsentieren.[1]

Genesis 1:
Herr und Meister – die Anforderungen an Herrschaft

Der ökologisch berüchtigtste Teil der Schöpfungserzählung steht im Abschnitt 1:28: »Gott segnete sie und Gott sprach zu ihnen: Seid fruchtbar und vermehrt euch, bevölkert die Erde, unterwerft sie euch und herrscht über die Fische des Meeres, über die Vögel des Himmels und über alle Tiere, die sich auf dem Land regen.«

Selbst mit linguistischer Kunstfertigkeit kommt man um die Kernbegriffe nicht herum. Man kann sie gar nicht so interpretieren, dass sie mit dem Umweltverständnis des 21. Jahrhunderts in Einklang zu bringen sind. Wir Menschen sollen uns wie die Hasen vermehren (oder genauer gesagt, wie die Fische und Vögel, da sie dieselbe göttliche Segnung für Fruchtbarkeit erhalten, cf. 1:22). Nur dem Menschen (*telos*) obliegt es aber, das Land (*vekivshuha*) zu »beherrschen« (oder »erobern«) und über die restliche Fauna zu »herrschen« (oder sie zu »dominieren«/»die Herrschaft haben über« – *ur-du*). Die Sprachwurzel »k-v-sh« bedeutet wörtlich, zu zertreten oder zu zerstören (was beim Einlegen von Früchten getan wird, *kevushim*, oder bei einer Straßenlegung, *kvish*).[2] Und dominieren *r-d-h* hat zum aktuellen hebräischen Wort für Diktator geführt (*rodan*).

Nun wäre aber eine vereinfachte und oberflächliche Lesart falsch, die Genesis 1 als das ökologisch »schlechte« Kapitel und Genesis 2 als das »gute« stereotypisieren würde. Der Abschnitt, in dem Eroberung und Herrschaft angeordnet wird, enthält den angeordneten Segen, der erhebt und ermächtigt. Vor etwa 3000 Jahren (und auch vor 2000 und 1000 Jahren) versprach diese Sicht Hoffnung und Würde für die Menschen, die eine kurze Lebensspanne hatten und natürlichen Bedrohungen praktisch vollkommen ausgesetzt waren.

Das gilt, obwohl der biblische Monotheismus die Trennung des Schöpfers von der Schöpfung verleumdet. Darüber hinaus ist solch ein Segen auch eine Emanzipation von den heidnischen Natur-Mensch-Beziehungen. Der aktuelle Trend, naturverehrende Stammesreligionen gerade in Bezug auf die Umwelt zu idealisieren,[3] negiert, dass die technologisch wenig entwickelten Menschen der Macht der vergöttlichten Natur und den Naturgewalten derart ausgesetzt waren, dass sie diese sogar mit Hilfe von Menschenopfern beschwichtigen wollten. Das Versprechen für die menschliche Herrschaft über die natürliche Welt, was zur Zeit der Verkündigung natürlich ein Hirngespinst war, wirkte entsprechend beruhigend und sogar befreiend.

Aber lassen Sie uns noch tiefer eintauchen: Wo liegt der Kern dieser Herrschaft und Verantwortung? Welche Art von Verhalten wird damit sanktioniert? Sind wir wirklich dazu bestimmt, wilde Tiere zu beherrschen – oder bedeutet es eigentlich nur, dass wir einige wenige zähmen sollen? Der jüdische Gelehrte Nachmanides betonte im Mittelalter, dass Gott den Menschen »Kraft und Autorität gegeben hat, mit Tieren und Insekten zu tun, was sie möchten, zu bauen und zu entwurzeln, und Kupfer aus den Bergen abzubauen …«. Eine genaue Analyse des Abschnitts ergibt jedoch überraschenderweise, dass die Herrschaft über das Tierreich (was immer das auch bedeuten mag) nicht einschließt, die Tiere zu essen! Gleich im nächsten Abschnitt (1:29) heißt es: »Gott sprach: Seht, ich gebe euch alle samentragenden Pflanzen auf der Erde und alle Bäume, die samentragende Früchte haben; sie sollen euch als Nahrung dienen.«

Obwohl Fleischessen nicht explizit verboten wird (es gibt insgesamt keinerlei Verbote in Kapitel 1), hebt die Betonung der erlaubten Speisen die Einschränkung deutlich hervor (Sanhedrin 59b). Wie der nächste Abschnitt bezeugt, galt dies für alle Lebewesen: In der Schöpfung, wie sie ursprünglich gedacht war, gab es keine Karnivoren.[4] Diese Voraussetzung implizierte eine tiefere Verbindung zwischen Menschen und anderen Tieren, als man sonst aus dem Abschnitt über die Unterwerfung ableiten könnte: Menschen und Tiere sind auf derselben Seite von Messer und Gabel (oder Zahn und Klaue). Diese Situation änderte sich erst nach der Sintflut (cf. Gen. 9:3). Im Kontext der noachitischen Gesetze zur allgemeinen Sittlichkeit wurde die allgemeine Erlaubnis zum Fleischessen erteilt. Einer anderen Interpretation nach wurde dieses Zugeständnis als menschliches Ventil für die Aggressivität gemacht, die ihre vorsintflutlichen Vorfahren zu Gesetzlosigkeit und Gewalt geführt hatte.

Ein anderer entscheidender Aspekt der Narrative aus Kapitel 1 ist die häufig übersehene Tatsache, dass Gott alle Schöpfungen für gut hält – bevor der Mensch auf die Bildfläche tritt. Obwohl eindeutig feststeht, dass der Mensch in der Schöpfung kein schöpferischer Nachtrag war, gibt es keinen Hinweis darauf, dass Licht, Erde, Wasser, Vegetation, Sterne, Planeten oder andere Tiere für den Menschen einen funktionalen Wert haben. Sie sind in sich gut und ihnen werden eigene oder göttliche Zwecke zugeschrieben. Maimonides hebt dies in seinem »Führer der Unschlüssigen« besonders hervor: »… man darf nicht davon ausgehen, dass alle Wesen um der Existenz des Menschen willen existieren. Vielmehr sind alle anderen Wesen ebenso dazu bestimmt, um ihrer selbst willen zu existieren, nicht um etwas anderem willen« (3:13).

Es ist bemerkenswert, dass keine der beiden Erwähnungen von »gut« sich am sechsten Tag auf den Menschen bezieht. Die gesamte Schöpfung, einschließlich der Menschen, wird für »sehr gut« befunden (1:31). Jeder Teil des Ganzen hat eindeutig einen eigenen inhärenten Wert.

So kann man sagen, dass Herrschaft und Eroberung im Kontext der Schöpfungsgeschichte von Kapitel 1 gar nicht so brutal sind, wie sie verstanden wurden. Allerdings wurde dieser Abschnitt im Laufe der Jahrhunderte auch selten im Zusammenhang mit der Unterwerfung der Natur verwendet: Weit mehr Aufmerksamkeit bekamen die erste Hälfte des Abschnitts und die Fragen und Herausforderungen rund um Fortpflanzung.[5]

Die gemeinsame vegetarische Ernährung, der gemeinsame Segen der Fruchtbarkeit, und selbst die Erschaffung des Menschen und der anderen Säugetiere am gleichen Tag, betonen die Gemeinsamkeit mit dem Rest der geschaffenen Welt. Das ist ein starker Kontrast zur Annahme, dass der Mensch einzigartig ist, da er als einziges Wesen nach dem Abbild Gottes geschaffen wurde.

Genesis 2: Dienen und Bewahren – die Verantwortung der Haushalterschaft

Was ist dann mit der zweiten Geschichte? Hier gibt es genauso Nuancen und Komplexitäten. Auf der einen Seite wird der Mensch, der aus Staub der Erde geformt ist, mit einer angenehmen Aufgabe in den Garten gesetzt. Er soll nicht herrschen, sondern dienen. Die Tiere werden als potenzielle Kameraden verstanden. Dies impliziert eine tiefe Ähnlichkeit und Verbundenheit. Auf der anderen Seite wird der Mensch als besonders beschrieben, da nur er den göttlichen Lebensatem empfangen hat. Nicht unwichtig ist auch, dass Tiere letztlich als Seelenverwandte des Menschen ausgeschlossen werden. Betrachten wir nun die Hauptaufgabe »zu arbeiten und zu hüten« (*leovda uleshomra* 2:15).

Avoda bedeutetet Arbeit oder im Kontext von Landwirtschaft auch Bewirtschaftung, und *shemira* bedeutet bewachen oder beschützen. Es wurde bislang entweder meist als »Arbeiten und Aufpassen« oder »Bebauen und Bewirtschaften« übersetzt. Mein persönlicher Favorit ist »Dienen und Bewahren«. Man kann hier anfügen, dass die kulturellen Assoziationen von »einhalten« (wie das Einhalten des Schabbats) mit Sicherheit kein Zufall sind. Das Land bewirtschaften und Gott ehren werden im Hebräischen mit dem gleichen Wort – *avoda* – ausgedrückt.

Wenn wir die Bedeutung dieser Begriffe nun in anderen Kontexten ebenso als göttlich erschließen, kann man unsere Beziehung zum Garten Eden und damit implizit zur Welt als homolog zu unserer Beziehung zu Gott verstehen: Wir sollen im Garten das tun, was wir auch für Gott tun (*avoda* – Dienst), genauso wie Gott dies im Umkehrschluss für uns tut, ausgedrückt im priesterlichen Segen: »Möge Gott dich segnen und über dich wachen.«

Wovor soll nun der Mensch den Garten schützen? Ich würde sagen, dass die Hauptbedrohung für den Garten, und damit im erweiterten Sinne auch für die Welt, die andere Seite der Medaille ist: der Anbau und die menschliche Arbeit.

Die Aufgabe ist zu arbeiten, zu produzieren und zu entwickeln – aber gleichzeitig zu schützen und wachsam zu sein, dass die Arbeit nicht überhandnimmt. Es muss, um es in einem Wort zusammenzufassen, nachhaltig sein. Vielleicht ist die beste Übersetzung des biblischen Ausdrucks *leovda uleshomra* nachhaltige Entwicklung. Das Land zu bearbeiten ist für das menschliche Gedeihen elementar – und die Erde zu schützen und zu bewahren ist der entscheidende Zusatz. Wir müssen die Welt vor unserer *Avoda*, den Folgen unserer eigenen Arbeit beschützen. In unserem Bemühen um die Früchte der Erde säen wir auch die Saat unserer eigenen Zerstörung und der der Welt, es sei denn wir

mäßigen die Arbeit durch Verantwortung und Sorge um die Zukunft.
Diese Verantwortung ist die Wurzel des äußerst wichtigen Begriffs des Dienens. Klassischerweise ist ein Diener in der Mitte angesiedelt: über ihm ist der Besitzer des Guts, der seinen Besitz in die Verantwortung des Dieners gelegt hat, unter ihm ist der Bereich dieser Verantwortung. Der Diener trägt die Verantwortung für denjenigen, der eigentlich die Verantwortung trägt, und ist gleichzeitig verantwortlich für die Dinge, die ihm anvertraut sind. Es gibt keinen traditionellen hebräischen Begriff für das Konzept der Verantwortung, aber es liegt auf der Hand, dass dies eine weitere gute Übersetzung des biblischen Ideals *leovda uleshomra* ist.
Der mystische Text Zohar Hadash (5a) zeichnet das Bild, in dem die Schöpfung mit dem König einer Stadt verglichen wird, der die Stadt gebaut hat und sich um sie kümmert, bis er einen der Bewohner als Herrscher einsetzt. Alle Aufgaben gehen an ihn über, seine Aufgabe ist als *melechet 'olam* die Arbeit und die Kunst die Welt zu führen, damit sie die Bedürfnisse der Welt erfüllt und die Welt erhält. Dies ist die Synthese aus Genesis 1 und 2: Als Ausdruck der Herrschaft gilt es die Welt zu bewahren, zu erhalten und weiterzuentwickeln. Menschliche Herrschaft kann nur in Form der Dienerschaft existieren, da wir weder autonome noch souveräne Herrscher über eine Welt sind, die uns nicht gehört. Diese Aussage trifft auf säkular darwinistische Blickweisen genauso zu wie auf religiöse Perspektiven: In keinem der beiden Fälle ist die menschliche Natur ein transzendenter Herr und Meister.

Zwischen Affen und Engeln: (K)ein Teil davon zu sein

»Ist der Mensch Affe oder Engel? Mein Herr, ich bin auf der Seite der Engel.« *Benjamin Disraeli*

»Die Tora schärft uns ein, dass wir uns in Bescheidenheit üben sollen und nichts Besonderes sind. Wir müssen uns immer bewusst sein, dass wir aus dem gleichen Material wie der Esel und das Maultier, Kohl und Granatapfel und sogar ein lebloser Stein sind.«
Ibn Kaspi, *Adnei Kesef*, Kommentar zu Deuteronomium 22:6.

Ist es nicht überaus verständlich, dass Menschen eine anthropozentrische Sicht auf die Welt haben und sich als Nabel der Welt sehen? Hätte ein Fisch nicht eine piscozentrische Sicht auf die Welt, beziehungsweise in diesem Fall den Ozean? Und ein Pferd eine equozentrische Blickweise? Jeder, der schon einmal mit Katzen zu tun hatte, weiß, dass sie einer absolut felinozentrischen Ideologie folgen. Es scheint die natürlichste alltägliche Sichtweise zu sein, die Welt so zu verstehen, als dass sie uns umgibt.
Jedoch liegt genau hierin ein Paradox: Die religiöse Überzeugung, die von der Göttlichkeit des menschlichen Geistes überzeugt ist, sollte uns eigentlich auffordern, die natürliche spezienzentrische Perspektive hinter uns zu lassen und die Sichtweise Gottes auf die Welt und den Gang der Dinge einzunehmen. Der Umweltphilosoph Aldo Leopold sagte dazu, dass man wie »ein Berg denken« und das ganze System im Auge haben sollte, das unter Umständen andere Schlussfolgerungen verlangen kann als die Anforderungen einer einzelnen Spezies.
Das bringt uns zurück zu Genesis 1:26: »Dann sprach Gott:

Lasst uns Menschen machen als unser Abbild, uns ähnlich.« An wen hat Gott sich gerichtet? Die Möglichkeit von mehreren Gottheiten kann theologisch ausgeschlossen werden.

Die vernünftigste, aber auch radikalste Interpretation steht in einer *midrash* (Genesis Rabbah 8:3), die schlicht und einfach besagt, dass Gott sich mit Himmel und Erde und allen Geschöpfen beraten habe. Ähnlich sieht es auch Rabbi David Kimchi, der davon ausgeht, dass Gott allen Elementen vorgeschlagen hat: »Lasst uns, euch und mich, die Menschen in Partnerschaft erschaffen …« Unser Dasein auf der Erde ist nicht weniger göttlich als unser kreatives intellektuelles und geistliches Potential.

Gerade weil Menschen die Fähigkeit haben, sich über die Natur zu erheben, sind wir von Gott beauftragt, die Natur zu schützen. Laut Michael Smart Fox müssen wir »unser Anderssein anerkennen, um Verantwortung zu übernehmen, und unsere Schöpfungslimits erkennen, um unsere Grenzen zu begreifen.«

Wir würden unsere göttliche Natur und unsere Aufgabe in der Welt ablehnen, wenn wir nur anthropozentrisch handelten.

Nachdem es also moralisches Handeln sowie Verantwortung ist, die das göttliche Ebenbild ausmachen (und nicht etwa Ausgebufftsein oder technologisches Know-how), dann erfüllen wir unsere göttliche Bestimmung am besten, indem wir unsere moralische Verantwortung der Welt gegenüber anerkennen, anstelle die materiellen Möglichkeiten der Zivilisation und ihrer Entwicklung auszuspielen.

Ein Teil dieser Verantwortung, die wiederum ein göttliches Verhalten zum Vorbild hat, kann am besten durch das kabbalistische Konzept *tzimtzum*, der Kontraktion, beschrieben werden.

Nach der lurianischen Kabbala konnte die Welt nur entstehen, da Gott als Totalität allen Seins der Schöpfung »Raum gab«. Auch wir Menschen haben eine dominante Präsenz und nehmen Orte ein, die früher nicht menschlich beeinflusst oder definiert waren. Wir lassen nicht mehr viel Platz für das, was einst eine große nichtmenschliche Schöpfung war. Vielleicht ist es jetzt an der Zeit, den anderen göttlichen Präzedenzfall zu erfüllen und eine willentliche Kontraktion unseres Einflusses vorzunehmen – um des Ganzen willen, von dem auch wir ein Teil sind.

Ich möchte betonen, dass es nicht darum geht, die beeindruckenden Errungenschaften der menschlichen Zivilisation im Laufe der Jahrhunderte herunterzuspielen oder den vielfältigen Fortschritt, den wir heute genießen. Dieser ewige Balanceakt zwischen menschlicher Ermächtigung und Zurückhaltung, Erhabenheit und Demut wird in der chassidischen Maxime von Rabbi Simcha Bunim gut ausgedrückt: Wir sollten alle mit zwei Notizzetteln in unseren Hosentaschen herumlaufen. Auf dem einen steht »die Welt wurde für mich gemacht« und auf dem anderen »ich bin nur Staub und Asche«. Klug ist, wer weiß, wann man welchen Zettel herausnimmt.

Aus dem Englischen von Jennifer Holleis

1 Siehe Robert Alter, The Art of Biblical Narrative, Basic Books, 1981, S. 146.

2 Es ist auch das Wort, das im heutigen Israel verwendet wird, um sich auf »die Besatzung« (der Gebiete) zu beziehen – hakibush, mit all den dazugehörigen Konnotationen.

3 Obwohl dies nicht völlig falsch ist – kleine Gesellschaften, die seit Jahrhunderten überlebt haben, zeigen im Allgemeinen eine bewundernswerte Weisheit und Praktiken der Nachhaltigkeit – allerdings wird es oft überbewertet und problematischerweise auf metaphysische Gründe zurückgeführt.

4 Ob dies mit evolutionären oder physiologischen Daten übereinstimmt, ist nicht eindeutig – oder nicht von Belang. Die Pointe der Geschichte sind nicht die prähistorischen Daten (waren wir Sammler? Jäger? beides? war der Garten als ein Ort der Arbeit oder der Muße gedacht?), sondern die ultimative Vision des Paradieses, das Ende der Tage. Wie Jesaja prophezeite, impliziert die ideale Welt des ewigen Friedens, dass keines von Gottes Geschöpfen zu Schaden kommt, und die idyllische messianische Ära impliziert eine »Wiedererschaffung« dieses ursprünglichen Paradieses (vgl. auch Hosea 2:20).

5 Siehe Jeremy Cohen, Be Fruitful, S. 5 ff.

ELLEN PRESSER
TIERE IN DER BIBEL

Man hat es genau gezählt: In der Tora gibt es 5845 Verse, 79976 Wörter, 304805 Buchstaben und kein einziges Wort davon ist zu viel. Wenn also bestimmte Themen wiederholt werden, dann geschieht dies, um ihnen besonderen Nachdruck zu verleihen. Das gilt zum Beispiel für die Aufzählung genießbarer und ungenießbarer Tiere. Im 3. Buch Moses (11:2-47) wird differenziert aufgeführt und unterschieden »zwischen dem Reinen und dem Unreinen, zwischen den Tieren, die gegessen und den Tieren, die nicht gegessen werden dürfen« (Vers 47). Vor manchen Tieren wird pauschal gewarnt, also allen »vierfüßigen Tieren, die auf Tatzen gehen« (Vers 27), auch vor allem, »was auf dem Bauche kriecht« (Vers 42). Andere Tiere, die man zum »Gewimmel« zählen könnte, gehören nach biologischer Kategorisierung zu einem Stamm, etwa den Gliederfüßern, was u. a. Klassen wie etwa Insekten und Spinnentiere einschließt. Vers 9 gibt grünes Licht für alles, »was im Wasser, sowohl im Meer als in den Flüssen, Flossen und Schuppen hat«. Vor etlichen Arten wird ausdrücklich namentlich gewarnt. Dazu gehören übrigens nicht nur Wiesel und Maus (Vers 29), sondern auch die Fledermaus (Vers 19). Diese war bis Anfang 2020 u. a. auf dem Wochenmarkt in der chinesischen Metropole Wuhan als Bereicherung des Speiseplans im Angebot, gilt inzwischen aber als Überträger des Coronavirus und damit als Auslöser der Pandemie.

Da der Mensch offenbar schon zu biblischen Zeiten wenig belehrbar war, wiederholt Moses im 5. Buch der Tora

(14:3-21) zusammenfassend noch einmal, welche Tiere genießbar sind und welche nicht. Nun stellt sich die Frage, warum sind überhaupt Tiere erschaffen worden, vor deren Verzehr gewarnt wird. Eine Antwort könnte lauten, sie dienen ja auch einander als Nahrung, sind somit lebenserhaltend. Doch halt, so ganz stimmt das nicht, zumindest für die Zeit im Paradies.
Um das zu verstehen, muss man allerdings dahin zurück, wo alles begann. »Im Anfang schuf Gott den Himmel und die Erde«, mit diesen Worten beginnen die Fünf Bücher Moses. Das Chaos ist schnell geordnet. Am Ende des ersten Tages gibt es bereits die Trennung zwischen Tag und Nacht, am nächsten wird der Himmel über endlose Weiten von Wasser gespannt. Am dritten Tag gibt es die Unterscheidung zwischen den Meeren und dem Erdreich, in dem Pflanzen zu sprießen beginnen. Am vierten Tag kommen Sonne, Mond und Gestirn hinzu, wie im 1. Buch Moses ab Kapitel 1:14 anschaulich beschrieben wird. Da heißt es unter anderem: »Und Gott machte die beiden großen Lichtkörper, den größeren zur Herrschaft des Tages, und den kleineren zur Herrschaft der Nacht, und die Sterne.« Am nächsten Tag ging es um die Besiedelung von Wasser und Himmel: »Und Gott schuf die großen Seetiere und alle lebenden Wesen, die sich regen, von denen das Wasser wimmelt, jedes nach seiner Art, und jeden beschwingten Vogel nach seiner Art, und Gott sah, dass es gut war.« (Vers 21) Der sechste Tag wurde ein besonders arbeitsreicher. Vers 24 kündigt es an: »Und Gott sprach: Es bringe die Erde lebende Wesen hervor, ein jedes nach seiner Art, Vieh, Gewürm und Wild des Landes nach ihrer Art und es ward also.« Vers 25 endet mit dem Resümee: »und Gott sah, dass es gut war.« Doch offensichtlich fehlte noch etwas. Vers 26 offenbart es: »Und Gott sprach: Wir wollen Menschen machen in Unserem Ebenbilde, in Ähn-

lichkeit mit Uns, dass sie herrschen über die Fische des Meeres, über die Vögel des Himmels, über das Vieh und über die ganze Erde und über alles Gewürm, das sich auf der Erde regt.« In diesem Satz steckt Gottesvertrauen in den Menschen, seine Schöpfung zu hegen. Mit der großen Aufgabe allein gelassen wurde er nicht. Denn in Vers 27 heißt es: »Und Gott schuf den Menschen in seinem Ebenbilde, im Ebenbilde Gottes schuf er ihn; männlich und weiblich schuf er sie«. Der folgende Auftrag »Seid fruchtbar und mehret euch, füllet die Erde und bezwingt sie«, ergänzt durch eine Wiederholung, dass ihnen die gesamte Flora und Fauna unterstehe, war klar. Ein Missverständnis hat der Mensch aus dem Auftrag jedoch gleich abgeleitet, nämlich die Krone der Schöpfung zu sein. Ein bisschen mehr Bescheidenheit wäre angebracht, immerhin – so erinnern unsere Weisen – sei sogar die Mücke vor dem Menschen erschaffen worden.

Es macht wenig Sinn, die Tiere, die im Tanach, den 24 Büchern der Heiligen Schrift, vorkommen, im Detail zählen zu wollen. Denn manche sind als spezifische Unterart identifizierbar wie etwa die Kleidermotte in Jesaia 51:8, andere werden mit einem Sammelbegriff bedacht wie etwa »Alle Raben in ihren Arten« (3. Buch Moses, 14:15). Die *Encyclopaedia Judaica* unternimmt mit rund 120 Tierbezeichnungen den Versuch einer Zählung, relativiert diese Angabe jedoch selbst mit dem Hinweis auf in Erez Israel vorkommende 86 Säugetierarten, von denen nur 37, von 359 Vogelarten nur 38 und von 76 verschiedenen Reptilien nur 12 in der Bibel namentlich präzisiert werden. Mag sein, dass manche Art durch Jagd eliminiert bzw. durch Ackerbau verdrängt wurde oder mangels weiterer Details ihrer Beschreibung heute nicht mehr eindeutig identifizierbar ist.

Fest steht, dass die menschliche Neugier und Kunstfertigkeit bereits im Mittelalter auf das Genre des Bestiariums verfiel. Man porträtierte Tiere, die man kannte oder von denen man gehört hatte. Der Weg in den Bereich von Allegorie und Metapher wurde kurz. Menschliche Schwächen hatte man seit der Antike in Tierfabeln thematisiert. Warnungen, Drohungen und Tabus wurden in Geschichten eingebunden, in denen die Grenzen zwischen Tierreich, Menschendasein und Götterwelt verschwammen. Ein Bestiarium deckte somit verschiedene Bedürfnisse ab, zum einen war es ein Versuch, das Tierreich enzyklopädisch zu erfassen, zum anderen »diente es als Buch christlicher Moral und religiöser Lehre. Tugenden wie Abstinenz und Keuschheit wurden anhand von Darstellungen der Tiere, die die jeweilige Eigenschaft symbolisierten, gelehrt«, wie es im Vorwort zum »Jüdischen Bestiarium« heißt.

Der Phoenix wurde nach jüdischer Überlieferung mit Unsterblichkeit belohnt, weil er sich im Paradies weigerte von der verbotenen Frucht am Baum der Erkenntnis zu kosten. Da er die Fähigkeit besitzt, sich aus seiner eigenen Asche zu erneuern, gilt dieser mythische Vogel in der christlichen Deutung als Symbol der Auferstehung.

Überhaupt wimmelt es in der Heiligen Schrift von Tieren, und zwar von realen und von imaginären. Grundsätzlich wird bei den Echten unterschieden zwischen *Behemah* und *Chayyah*. Im Talmud bezieht sich der erste Begriff auf domestizierte Tiere, der zweite auf wilde Tiere. Ganz so schlicht, wie hier wiedergegeben, ist die Differenzierung allerdings nicht. Denn es gibt in beiden Kategorien Tiere, die sowohl in die eine wie auch in die andere eingeordnet werden könnten. Wichtig ist noch ein anderes Kriterium, nämlich die Eignung als Opfertier – ob (paarhufiges, widerkäuendes) Säugetier oder Geflügel (genauer gesagt Taube). Es muss rein sein. Ein wildes Tier ist ungeeignet, ja nicht

einmal ein an sich reines Tier, das auf verbotene Weise getötet wurde, wie im 3. Buch Moses, Kapitel 17, unmissverständlich ausgeführt wird.
Hinzu kommen riesige, legendäre Tiere wie Behemoth, Liwjatan, Re'em und der Vogel Ziz. In Hiob (3:8) wird der Leviathan erwähnt, in Hiob (7:12) ist von einem »Seeungetüm« die Rede. Behemot und Liwjatan sind gedacht als künftige Speisen an der messianischen Tafel. Da Behemot unglaublich gefräßig sein soll, wurde er nur einmal erschaffen, damit er sich nicht vermehren möge. Das Weibchen des Liwjatan wiederum soll kurz nach seiner Erschaffung getötet und eingepökelt worden sein. So weit die Legende. Die Beschreibung in Hiob (40:15-24) drängt die Assoziation zwischen Behemoth und Nilpferd auf. »Gras frisst er wie das Rind«, »seine Gebeine sind Barren Erz, seine Knochen wie Eisenstäbe«. Bis zum 4. Jahrhundert v. u. Z. gab es dieses Tier im Jordantal, wo es Hirten und Schiffern gewiss gefährlich werden konnte.
Auch zum Liwjatan gibt das Buch Hiob informative Auskunft (40:25-31). Getötet werden solche Kaliber, zu denen auch Drachen gehören, allein durch göttliche Kraft wie in Psalm 74:13-14 anschaulich beschrieben: »Du hast zerstückt mit deiner Macht das Meer, zerschmettert die Köpfe der Drachen auf dem Wasser. Du hast zerschlagen die Köpfe des Liwjatan.« Doch vor diesem Endzeitszenario werden Behemot und Liwjatan erst einmal miteinander ringen. Am Ende wird ihr Fleisch sowie das des Vogels Ziz, von dem ein zerschlagenes Ei eine gigantische Überschwemmung auslösen kann und eine herabfallende Feder ganze Städte zerstört, den auferstandenen Rechtschaffenen serviert.
Wundersames gibt es auch über das Re'em zu berichten. Die einen identifizieren es als Onyx-Antilope, die am Horizont vorübereilend offenbar für ein Einhorn gehalten wurde (das

es außerhalb der Fantasy-Welt anatomisch gar nicht geben kann). Sie glauben darin das biblische Tier Tachasch auszumachen, mit dessen Fell das Tabernakel bereits in der Wüste bedeckt wurde. Andere assoziieren Hinweise im 5. Buch Moses (33:17) und in Schriften wie Hiob (39:10) eher mit einem Auerochsen, die aus der Fauna des Nahen Ostens längst verschwunden sind.

Von jeher sprach man Tieren spezielle Eigenschaften zu, auch solche für Menschen charakteristische. Eine besondere Beziehung hegt Gott nicht nur zum Liwjatan, den er erschuf (Psalm 104:26) und mit dem er laut Babylonischem Talmud täglich zu spielen pflegt, sondern auch zu realen Tieren, die zwischen Himmel und Erde leben, also Vögeln. Zum Beginn des dritten Monats nach dem Auszug aus Ägypten und der Ankunft am Berg Sinai stieg Moses gleich hinauf. Das Erste, woran Gott ihn erinnert, ist: »Ihr habt gesehen, was ich an Ägypten getan; ich habe euch auf Adlersfittichen getragen, habe euch zu mir gebracht.« (2. Buch Moses, 19:4) Zu Beginn der Visionen des Ezechiel ist die Rede von geflügelten Wesen mit den Gesichtern von Löwe, Stier und Adler (1:5-11).

Neben dem Adler kommt auch dem Raben eine besondere Bedeutung zu. Im 1. Buch der Könige wird beschrieben, wie Gott mit Hilfe von Raben für den geflüchteten Elijahu sorgte: »Und die Raben brachten ihm Brot und Fleisch morgens und Brot und Fleisch abends, und aus dem Bache trank er.« (17:6) Noah schickte zunächst den Raben aus: »Dieser flog hin und her, bis die Erde vom Wasser trocken war.« (1. Buch Moses, 7:7-8) Doch so gelehrig, wie er in anthropomorpher Betrachtung oft beschrieben wird, ist er jüdischer Legende nach nicht. Er unterstellte nämlich Noah, dieser sei eifersüchtig und er wolle ihn nur deshalb als Kundschafter einsetzen, um ihn von seiner Frau fernzuhalten.

Simon de Myle, *Die Arche Noah auf dem Berg Ararat*

Noah tobte: »Möge Gott den Mund verfluchen, der derart Böses gegen mich ausspie!« Die anderen Tiere riefen »Amen« und der Rabe konnte von nun an nur mehr krächzen. Das auf den Raben gemünzte Sprichwort »Wer mehr begehrt, als er hat, wird mit weniger zurückbleiben« geht auf eine Legende zurück, wonach der Rabe den anmutig getippelten Gang der Taube nachahmen wollte, stolperte, sich dabei alle Knochen brach und darum später nur mehr hüpfen konnte. Zum Unglücksraben schlechthin wurde er dann nach dem Ende der Sintflut, weil er sich – verärgert wie er war – von den Tieren der Arche absonderte und Unrat fraß, den die Sintflut hinterlassen hatte. Davon verfärbte sich sein ursprünglich weißes Gefieder pechschwarz.

Das Verhalten der Taube in der Geschichte von der Sintflut war ein ganz anderes. Bei ihrem zweiten Ausflug »kam die Taube zur Abendzeit zu ihm, und siehe, ein frisches Ölblatt war in ihrem Munde«. (1. Buch Moses, 7:11) Diese Bereitschaft zur Rückkehr zu Noah wird als Treue interpretiert, ihr Gurren als Sanftmut und Einfühlsamkeit. Es heißt, dass jedes Jahr am Vorabend von Tischa BeAw, dem Fasttag zum Gedenken an die Zerstörung des Tempels, eine Taube, die in einer Nische der Klagemauer weilt, sich der Trauer des Volkes Israel anschließt.

Die Schlange wiederum münzte die ihr in der Schöpfung zugedachte Klugheit in Bosheit und List um, was ihr nicht gut bekam. Zwar verführte sie Eva und mit ihr Adam, vom Baum der Erkenntnis zu essen, doch dafür traf sie göttlicher Fluch: »Auf deinem Bauche sollst du kriechen und Staub essen alle Tage deines Lebens.« (1. Buch Moses, 3:14)

Was endzeitliche Aussichten betrifft, die in unseren Tagen angesichts von dramatischen Klimaänderungen vielfach beschworen werden, so sind diese von zweien der zwölf so genannten »Kleinen Propheten« bereits deutlich beschrieben worden. Bei Hosea (4:3) heißt es: »Darum trauert das Land und verschmachten all seine Bewohner darin, so das Gewild des Feldes, wie Vögel des Himmels, selbst die Fische des Meeres vergehen.« Noch drastischer klingt es bei Zefania: »Hinwegraffe ich Menschen und Vieh, hinwegraffe ich die Vögel des Himmels und die Fische des Meeres, und die verfallenen Trümmer samt den Frevlern.«

Insekten und Spinnentiere gelten als unrein. Doch hat in der Schöpfung alles seinen Sinn und Zweck. Der Honig der Biene, weil er aus Blütenpollen im Durchlauf durch ihren Körper entsteht, gilt als parve, also neutral genießbar, weil weder milchig noch fleischig. Apropos Trennung von Milch und Fleisch. Wer sich mit jüdischer Gesetzgebung und Tradition befasst, landet bald bei den jüdischen Reinheitsgeboten, die sich mit den Beziehungen zwischen Mensch und Schöpfer, insbesondere im religiösen Kultus, denen zwischen Mann und Frau, Gesundem und Krankem, Lebendem und Totem befassen. Allgemein bekannt ist, dass es im Judentum Speisegesetze gibt, wonach nur genau benannte reine Tiere zum Verzehr erlaubt sind, die auf rituelle Weise von religiös wie tiermedizinisch kompetentem Personal getötet werden dürfen. Weniger geläufig ist die Verankerung des Tierschutzes an zahlreichen Stellen in der Tora und den so genannten apokryphen Schriften. Im Paradies waren alle Lebewesen Vegetarier. In einer Vision des Propheten Jesaia wird dieser paradiesische Zustand noch einmal heraufbeschworen: »Kuh und Bär weiden, es lagern ihre Jungen zusammen, und der Löwe, wie ein Rind, frißt Stroh.« (Jesaia 11:7)

Was Noah vor der Sintflut bewahrte, war auch seine Tierfreundlichkeit. Nicht umsonst heißt es in einem der sieben noachidischen Gebote, die für die gesamte Menschheit gedacht sind, dass man nichts von einem lebenden Tier essen dürfe (siehe 1. Buch Moses, 9:4). Der Ruhetag gilt auch für das Vieh (5. Buch Moses, 5:14). So unterschiedlich starke Tiere wie Ochse und Esel dürfen nicht gemeinsam eingespannt werden (5. Buch Moses, 22:10). Dass man auch Tieren elterliche Gefühle zubilligt, drückt sich in Weisungen aus wie: »Du sollst ein Böckchen nicht in der Milch seiner Mutter kochen.« (5. Buch Moses, 14:21) oder dass man – solange ein Vogel brütet – nichts aus dem Nest nimmt (5. Buch Moses, 22:6-7). Ein Rind oder Schaf darf nicht am selben Tag wie sein Junges geschlachtet werden (3. Buch Moses, 22:28). Ferner gilt, dass der Mensch erst essen darf, wenn er seine Tiere versorgt hat.

Wer all dies im Detail nachlesen und nachvollziehen möchte, findet einen strengen Rat in den Sprüchen der Väter (6:6): »Geh zur Ameise, Fauler, sieh ihre Wege und werde klug.« Sie gilt als Beispiel für Fleiß und Weitsicht. Im Buch der Sprüche wird – wie die Ameise – auch die Spinne zu den »Weisesten unter den Weisen« gezählt. Denn es heißt: »Du kannst die Spinne mit Händen fangen, und doch ist sie in Königspalästen.« Eine besonders schöne Legende handelt von dem Hirtenjungen David, der nicht verstand, warum die Spinne etwas fertigt, aus dem nie ein Gewand wird. Jahre später, als König Saul ihn jagte und töten wollte, um seine Ablösung als König zu verhindern, versteckte sich David in einer Höhle. Eine Spinne verschloss den Eingang schnell mit einem Netz. Saul zog vorbei, als er das unversehrte Gespinst sah.

Es gäbe noch so viele Geschichten zu erzählen, etwa: Wie man sich die Reihenfolge der Zehn Plagen wissenschaftlich schlüssig erklären kann. Welchem Wunder an seiner Eselin der Seher Bileam sein Leben verdankte. Wie unter den zwölf Stämmen Israel Juda (Löwe), Dan (Schlange), Naphtali

(Hirsch), Josef (Stier) und Benjamin (Wolf) zu ihren jeweiligen Wappentieren kamen. Welcher Zusammenhang zwischen Zugvögeln und der 40-jährigen Wanderung durch die Wüste bestand. Welche ökologischen Maximen man aus dem Buch »Kohelet« ableiten kann. Warum dem Propheten Elischa zwei Bären zu Hilfe kamen und grausame Rache für eine kindische Beleidigung nahmen. Mit welcher Poesie sich in den Versen des Hohelieds die Beziehung zwischen Gott und dem Volk Israel über die Geografie des Landes, seiner Pflanzen und Tiere ausdrückt. Nicht zu vergessen das Lied vom Lämmchen, *Chad Gadja*, das zum Pessachfest gehört wie die Geschichte vom Auszug aus Ägypten. Wie spannend, dass dies und vieles mehr zum Selbstentdecken bleibt.

Quellen:

Aus den Fünf Büchern Moses wird zitiert nach dem Pentateuch, in der Übersetzung von J. Wohlgemuth und J. Bleichröder. Victor Goldschmidt Verlag, Basel 1997.

Aus den Propheten, Psalmen, Hiob und Sprüchen der Väter wird zitiert nach:
Die Vierundzwanzig Bücher der Heiligen Schrift, übersetzt von Dr. Zunz. Victor Goldschmidt Verlag, Basel.

Encyclopaedia Judaica. 16 Bände, Keter, Jerusalem/Macmillan, New York 1971-1972.

Jüdisches Lexikon. Ein enzyklopädisches Handbuch des jüdischen Wissens in vier Bänden. Jüdischer Verlag im Athenäum Verlag, Königstein/Taunus 1982.

Chad Gadja, in: *Pessach-Haggada.* Redaktion Rabbiner I.M. Levinger. Herausgegeben vom Zentralrat der Juden in Deutschland. Berlin 2006, S. 110-113.

Daro, David, *Tiere der Bibel »Vom Löwen zur Schnecke«*, aus dem Hebräischen übersetzt von Rachel Grünberger-Elbaz, mit Fotografien von Yossi Eshbol. Palphot Ltd., Herzlia.

Landmann, Michael, *Das Tier in der jüdischen Weisung*, Verlag Lambert Schneider, Heidelberg 1959.

Podwal, Mark, *Jüdisches Bestiarium. Fabelhafte Tiere von A wie Ameise bis Z bis Ziz*, aus dem amerikanischen Englisch übersetzt von Henriette Schroeder, mit einem Nachwort von Michael Brenner. Verlag Hentrich & Hentrich, Berlin 2015.

Vögel im Land der Bibel. Text: Uzi Paz/Fotografien: Yossi Eshbol (Übersetzung: Verbalis). Palphot Ltd., Herzlia.

YUVAL JOBANI

DIE NATUR ALS HEILIGE STÄTTE: A. D. GORDONS *MENSCH UND NATUR* NEU BETRACHTET

[...] *ein Mensch wie Gordon aber nimmt sich aus, als verkehre er mit den Kräften der Natur unmittelbar und nicht auf dem Weg über die sozialen Formen. Das ist im Judentum eine besondere Seltenheit. Ebenso wie der Gesellschaft gegenüber ist Gordon der Geschichte gegenüber unabhängig* [...]. *Mancher kommt ihm darin nah, keiner kommt ihm gleich; das Judentum unserer Zeit hat nicht seinesgleichen aufzuweisen.* Martin Buber[1]

Außenwerbeflächen, die sich mit verlockenden Angeboten für Autofahrer und Passanten überbieten, sind im weltweiten Verkehrswesen mittlerweile gang und gäbe. Aber anders als in den meisten anderen Regionen ist es in Israel verboten, Werbeflächen an Autobahnen und Landstraßen anzubringen. Bei Verlassen des Stadtgebiets erhält man eine Ruhepause von der hyperaktiven Konsumgesellschaft, die den Menschen jederzeit und aus jedem denkbaren Winkel von der Natur ringsum zu trennen versucht. Nur Wenige wissen, dass schon Aharon David Gordon (1856-1922) reklamefreie Landstraßen forderte – in seinem philosophischen Hauptwerk *Mensch und Natur*, das im ersten Jahrzehnt des 20. Jahrhunderts im Land Israel entstanden ist. Praktische Umsetzung fand seine Forderung in dem 1965 erlassenen israelischen Gesetz zur Straßenwerbung, initiiert unter anderem von dem berühmten Schriftsteller S. Yizhar, der sich immer wieder von A. D. Gordon inspirieren ließ.

Gordons Einfluss klingt in einigen Reden bei der Parlamentsdebatte über das Straßenwerbungsgesetz durch. Uri Avneri beispielsweise erklärte: »Kontakt mit der Natur ist eine üppige Inspirationsquelle für den Menschen, vor allem für den Städter. Sobald er seine Stadt verlässt, gerät er – bewusst oder unbewusst – in den Sog der Landschaft ringsum. Seine Lebensfreude wird aufgefrischt, seine Wurzeln in der heimatlichen Landschaft greifen tiefer. Der Anblick der Berge und Täler, Flüsse und Haine lädt seine geistigen Batterien auf.«[2] In der längsten und dramatischsten Rede der Debatte statuierte S. Yizhar, der sich als »Gordons letzter Anhänger« bezeichnete: »Beide Straßenseiten sind praktisch der grandiose und freie Garten eines jeden Menschen [...] was sie enthalten oder nicht, ihre Sauberkeit oder Beschädigung, beeinflusst die Passanten, selbst wenn sie hastig in ihren Autos vorüberfahren, selbst wenn sie schläfrig sind und das Draußen kaum beachten, nur flüchtige Blicke davon erhaschen.«[3]

Doch S. Yizhar war nicht der letzte Anhänger des »Lehrers der Wahrheit«, wie Martin Buber ihn in einer Artikelserie über Gordons Leben und Denken bewundernd nannte.[4] Seit einigen Jahren findet Gordon erneute Beachtung. Das zeigt sich in einer wahren Welle von Aufsätzen und Büchern über ihn selbst sowie in öffentlichen Lesungen und gemeinsamen Studien seiner Schriften, veranstaltet von jungen Leuten, die sich weniger in akademischer als in existenzieller und kultureller Hinsicht für Gordon interessieren. Was hat der Denker und Träumer A. D. Gordon an sich, dass er hundert Jahre nach seinem Tod den Geist und die Fantasie junger Menschen anregt und einen prominenten Platz in der zeitgenössischen hebräischen Kultur gewinnt?

Aharon David Gordon wurde 1856 in Trojanow in Süd-Podolien geboren, das damals zum russischen Zarenreich gehörte. Nach zwei Jahrzehnten als Finanzverwalter in Russland emigrierte er 1904 im Alter von 48 Jahren nach Palästina, um in den neugegründeten landwirtschaftlichen Kolonien zu arbeiten. Obwohl er keine zwanzig Jahre dort verbrachte – er starb im Kibbuz Degania mit 66 Jahren an Krebs –, wurde er noch zu Lebzeiten zu einer Ikone der zionistischen Bewegung. Abgesehen von Gordons historischem Beitrag zum Zionismus sind seine Schriften auch in der heutigen Praxis relevant, und er gilt als einer der wichtigsten jüdischen Denker des 20. Jahrhunderts.

Wie jegliche kulturelle Leistung entsteht auch ein philosophisches Werk nicht in einem Vakuum, sondern in einer bestimmten Zeit an einem bestimmten Ort, ist Ausdruck des jeweiligen Zeitgeistes und reflektiert die Licht- und Schattenseiten der Kultur oder Kulturen, in denen es geschaffen wurde. *Mensch und Natur* bildet hier keine Ausnahme. Die ersten beiden Kapitel erschienen in den Jahren 1910 und 1913 in *Hapoel Hazair*, dem Organ der gleichnamigen Partei, deren geistiger Führer Gordon war, ohne ihr je offiziell beigetreten zu sein. Wie die übrigen Kapitel des Buches, die erst Ende der 1920er Jahre, posthum, veröffentlicht wurden, kann man sie als eine eigenständige hebräische Version moderner Kulturkritik verstehen.

Gordon muss auch in Zusammenhang mit der um die Jahrhundertwende wachsenden Ambivalenz gegenüber der in Russland, Westeuropa und Nordamerika stetig voranschreitenden Industrialisierung und Urbanisierung gesehen werden. Gordon stand eindeutig unter dem – direkten oder indirekten – Einfluss diverser Ideen jener Zeit und betonte dementsprechend die Bedeutung des Unbewussten gegenüber dem Bewussten und des Erlebten gegenüber dem rationalen Denken und untersuchte die Beziehung zwischen dem Einzelnen und der Gesellschaft. Man könnte Gordon so verstehen, dass er in *Mann und Natur* die zionistische Vision um jene religiöse Bedeutung anzureichern suchte, die schon Tolstoi der Bestellung des Landes beigemessen hatte. Diese säkulare Heiligung eines »Agrarethos« gehörte untrennbar zu Gordons Bemühen, die kulturelle Kluft zwischen »den letzten Juden« und »den ersten Hebräern« zu überbrücken.

Man kann *Mensch und Natur* nicht aus dem spezifischen Kontext lösen, in dem es geschrieben wurde, es aber auch nicht auf diesen reduzieren. Wichtige Aspekte des Werks gehen über Zeit und Raum seiner Entstehung hinaus. Und genau diese Elemente untermauern seinen klassischen Status und erklären das neue Interesse an diesem und anderen Werken Gordons.

Neben seinem einzigartigen Beitrag zum zionistischen Denken zu Beginn des 20. Jahrhunderts steht seine ureigene Herangehensweise an die moderne Existenz im Allgemeinen und die moderne jüdische Existenz im Besonderen. Gordon besaß die seltene Fähigkeit, nicht nur die entscheidenden Fragen und Probleme seiner eigenen Generation zu erkennen und anzugehen, sondern auch die nachfolgender Generationen. Hier ist besonders seine innovative Behandlung von Themen wie Ökologie, Gender, Post-Säkularismus und Tierrechte hervorzuheben.

Von Kindheit an gestaltete und befruchtete die Natur Gordons Gedankenwelt – wie später auch seine philosophischen Schriften. Lange bevor die Erderwärmung zur ernsthaften Bedrohung wurde, warnte Gordon vor den wachsenden Gefahren menschlicher Eingriffe in die Natur und rief dazu auf, sich ihr zu öffnen, sich neu auf sie einzustellen. Anstatt die Natur zu besiegen, sollten wir eins mit ihr werden, meinte Gordon; statt Herr oder Sklave der Natur zu sein, sollten wir ihr Freund und Verbündeter werden.

A.D. Gordon in Degania

Die hebräische Kultur im frühen 20. Jahrhundert verband die Rückkehr der Juden in ihr Mutterland mit der Rückkehr zur Natur. Doch Bedeutung und Auswirkungen dieser neuen Naturverbundenheit waren Gegenstand hitziger Debatten unter den Pionieren im vorstaatlichen Palästina. Gordon schrieb das erste Kapitel von *Mensch und Natur*, das den Titel des Buches trägt und seine geplante Struktur skizziert, als eine kritische Erwiderung auf *Leben und Natur* (1909) von Yehuda Leib Metmann (1869-1939), dem Gründer des Hebräischen Gymnasiums in Jaffa. In *Mensch und Natur* widersprach Gordon Metmanns pädagogischer Vision, die dazu aufrief, die Natur im Land Israel durch rigorose wissenschaftliche Forschung unter Kontrolle zu bringen, nach dem Bacon'schen Motto »Wissen ist Macht«. Gordon hielt die grenzenlose Ausbeutung der Natur, gegen die er wiederholt anging, für eine Folge der Aufklärung, die eine Entmythisierung der Natur ausgelöst und zur Entfremdung geführt habe. Statt die Natur zu beherrschen, sollten wir danach streben, unser Leben harmonisch in die Natur einzufügen, in tiefem Verantwortungsgefühl ihr gegenüber.

Obwohl Gordon die Fesseln des jüdischen Religionsgesetzes, der Halacha, nach und nach abwarf, distanzierte er sich nicht von der jüdischen Tradition. Aufgewachsen in einer orthodoxen osteuropäischen Gemeinde, kannte Gordon die jüdische Tradition von Grund auf, auch wenn er ihre rituellen Grenzen überschritt auf dem Weg in jenes heilige Zwischenreich, in dem Mensch und Natur eins werden. Da er der Bestellung des Landes Israel religiöse Bedeutung beimaß, tauschte er die Gebetsriemen gegen den Pflug und das traditionelle Gebet gegen die Stille des Ackerbauern.

Gordon befürwortete die nationale Wiedergeburt des jüdischen Volkes von ganzem Herzen, kannte aber auch die Gefahren des Nationalismus und trat daher für eine alternative, nichtstaatliche, pazifistische Vision des Zionismus ein. Da er Aggression und Dominanz in Politik und Gender als Auswüchse der Aggression und Dominanz im ökologischen Bereich wertete, propagierte Gordons Zionismus die Gründung eigenständiger, kleiner Agrargemeinden, in denen Männer und Frauen gleichberechtigt und in friedlicher Koexistenz mit den arabischen Nachbarn leben sollten. In diesen Gemeinden sollten auch die Tiere Schutz und Pflege genießen und nicht auf ihren Nutzen für den Menschen reduziert werden. Gerade die Verletzlichkeit und Hilflosigkeit der Tiere mache unseren Umgang mit ihnen zu einem Lackmustest für unsere Moral, meinte Gordon. Als strenger Vegetarier legte er keine Gebetsriemen mehr an, weil sie aus Rindsleder bestanden. Nach Gordon sollte der neue Hebräer zu einem mystischen Wesen werden, das den Kosmos als Ganzes umfangen, dabei jedoch seine eigene, spezielle Persönlichkeit bewahren sollte.

So schreibt er in *Mensch und Natur* über die Liebe: »Höchste Liebe besteht nicht darin, des Liebenden ›Selbst‹ zu reduzieren, um Raum für das ›Selbst‹ des Geliebten zu schaffen, sondern gerade umgekehrt, das heißt, es geht um die Erweiterung des Liebenden Lebens hin zur Seele des Geliebten, so wie die liebevolle Mutter ihre Seele durch die Seele ihrer Kinder lebt … Höchste Liebe toleriert keine Barmherzigkeit, keine Vorherrschaft der Großen über die Kleinen, der Reichen über die Armen, sondern nur den wechselseitigen Einfluss, wie im Sternensystem. So lebt die Natur auf ihre Weise, und so kann der Mensch auf seine Weise leben, inmitten des Lebens der Natur.«[5]

Diese und andere Aspekte seines Denkens machen es leicht, eine seiner letzten Bitten zu erfüllen, die er wenige Tage vor seinem Tod in seinem Tagebuch im Kibbuz Degania am Ufer des Sees Genezareth niederschrieb: »Ihr solltet meine

Schriften nur dann und nur in dem Umfang diskutieren, als sie einen lebendigen – und nicht nur einen literarischen – Wert enthalten ... einen lebendigen Wert für die Erneuerung des Lebens.«[6]

Aus dem Englischen von Ruth Achlama

1 Martin Buber, »Ein Träger der Verwirklichung (Über A. D. Gordon)«, in *Israel und Palästina – Zur Geschichte einer Idee*, München, dtv, 1968, S. 159.
2 »Debatte zum Billboard Law«, *Knesset-Protokolle* (hebr.), Jerusalem, Government Print, 1965, 44:56.
3 *Knesset-Protokolle*, 1965, 44:57-58.
4 Bubers Essays über Gordon sind in einem Sonderteil der erweiterten hebräischen Ausgabe von Bubers *Wege in Utopia* erschienen, hrsg. v. Avraham Shapira, Tel Aviv, Am Oved, 1984, 253-264.
5 A. D. Gordon, *Mensch und Natur: Meditationen und Träume eines Radikalen* (hebr.), hrsg. v. Yuval Jobani und Ron Margolin, Jerusalem, Magnes Press, 2020, 212.
6 A. D. Gordon, »Letzte Notizen«, in *Aharon David Gordons Schriften* (hebr.), Samuel Hugo Bergman und Eliezer Shohat, Tel Aviv, Zionistische Bibliothek, 1957, III:231.

TAL ALON-MOZES

DER LANDSCHAFTSARCHITEKT HAIM LATTE – GARTEN UND LANDSCHAFT

Der Name Haim Latte ist heute beinahe vergessen, sogar im Kreis meiner Kollegen – israelischen Gärtnern, Landschaftsarchitekten und Wissenschaftlern, die sich mit Kulturlandschaften befassen. 1975 erlangte Latte kurz Berühmtheit, als sein Lebenswerk mit dem Abraham-Karavan-Preis für Landschaftsarchitektur ausgezeichnet wurde. Das war eine bescheidene Anerkennung seiner Leistungen als Gärtner, Landschaftsarchitekt, Ausbilder und Autor, der in den Zwanzigerjahren aus Deutschland in das damalige Palästina übersiedelte und bis zu seinem Tod 1988 die Gestaltung von Gärten und Landschaft wesentlich beeinflusste.

Haim Latte verdient schon deshalb Anerkennung, weil er im Gegensatz zu seinen Kollegen, die als Landschaftsarchitekten in der zweiten Hälfte des 20. Jahrhunderts zumeist Grünanlagen in Städten und Kibbuzim planten, unter Gartenbau nicht nur die Anlage einiger kleiner Gärten verstand, sondern auch Umweltpflege.[1] Seine Ideen fußten auf Konzepten, die zu dieser Zeit in Deutschland gängig waren und für eine harmonische, reibungsfreie Verbindung von Modernisierung und Natur standen. In zahlreichen Aufsätzen präsentierte Latte seine ganz eigene Einstellung zur Beziehung zwischen Gärten, Natur und Landschaft, Entwickeln und Bewahren, Moderne und Romantik. Er stützte seine Weltanschauung auf persönliche Beobachtungen in israelischen Gärten und Landschaften, lange Auslandsreisen und kritisches Denken. Er war Autodidakt, ohne akademische Aus-

bildung, aber seine schöpferischen Ideen waren seiner Zeit voraus.
Haim Latte wurde 1902 in Berlin geboren. Er war ein hervorragender Schüler der Israelitischen Gartenbauschule Ahlem bei Hannover, auf die man ihn 1918 schickte.[2] Die 1893 von dem jüdischen Philanthropen Alexander Moritz Simon gegründete Fachschule unterrichtete Hunderte junge Juden, vorwiegend aus Osteuropa.[3] Die Ausbildung sollte den Schülern moderne Kenntnisse in Acker- und Gartenbau in Theorie und Praxis vermitteln.
In Ahlem interessierte sich Latte besonders für Gemüse- und Obstanbau und Gartenplanung. Dort wurden die Grundlagen seines theoretischen Wissens, seiner Fachkenntnisse und seiner Ausdauer gelegt. Unter seinen Lehrern beeinflusste ihn besonders der Gartenarchitekt Hermann Wernicke, der später Leiter der Gartendirektion der Stadt Hannover wurde und zu den führenden Köpfen in diesem Feld in Deutschland gehörte. Wernicke erklärte, Parks seien die Lungen einer Stadt und Alleen ihre Atmungsorgane. Diese Auffassung vom Nutzen der Grünpflanzen für die menschliche Gesundheit beeinflusste Latte nachhaltig. Er erkannte die positive Wirkung von Gärten auf den Menschen und betonte auch allgemein die Funktionalität von Garten und Umwelt, neben ihrem ideologischen und ästhetischen Wert. Latte förderte wissenschaftsbasierten Gartenbau in Wort und Tat. Seine Weltanschauung beruhte auf den deutschen Begriffen »Hort, Wärter, Garde und Garten« und ihren hebräischen Entsprechungen *Gan* (Garten) und *Hagana* (Schutz, Verteidigung).[4] Aufgrund damals gängiger Ansichten sah Latte einen Zusammenhang zwischen der Verwahrlosung, die im Land Israel um sich gegriffen hatte, und den sanitären Zuständen in den arabischen Dörfern. Er befürwortete Gartenbau zur Kultivierung des Bodens: Luftfilterung und Fi-

xierung der Erde durch Pflanzen, Sonnenschutz durch schattenspendende Bäume – all das hatte seiner Ansicht nach physische und psychische Auswirkungen auf den Menschen. Obwohl er überwiegend kleinflächige Projekte entwarf, förderte er Landschaftsgestaltung und Umweltschutz auch im Allgemeinen.

Nach einem kurzen landwirtschaftlichen Praktikum auf dem zionistisch ausgerichteten Markenhof bei Kirchzarten im Schwarzwald traf Haim Latte 1923 in Palästina ein. Zuerst arbeitete er mit anderen Ahlem-Absolventen in den Zitrusplantagen des Scharon und entwarf einige Gärten, darunter den Park der Melchett-Villa am See Genezareth für Sir Alfred Mond. Dort begegnete er Otto Warburg, dem Präsidenten der Zionistischen Weltorganisation und weltbekannten Experten für Agrarwissenschaft.[5] Im Rahmen ihrer beruflichen Zusammenarbeit widmete Latte sich verstärkt auch der Einführung von Pflanzen aus anderen Regionen nach Israel. 1930 ließ er sich in Pardes Chana nieder und erfüllte in den nächsten 50 Jahren vielfältige Aufgaben, entwarf Parks und Gärten, lehrte und beriet in Gartenfragen. Im Gegensatz zu anderen Ahlem-Absolventen, wie Shlomo Weinberg-Oren und Yechiel Segall, stand für Latte weniger die Gestaltung im Mittelpunkt seiner beruflichen Tätigkeit als die Entwürfe. In den 1940er Jahren entwarf er den Stadtpark von Tiberias und die Grünflächen mehrerer Kibbuzim: Degania Alef, Degania Bet, Beit Sera, Afikim und Scha'ar HaGolan. 1945 folgte der botanische Garten von Beit Yerach. Und in seinen letzten Jahren arbeitete er gemeinsam mit der Landschaftsarchitektin Ruth Enis an der Planung für den Kibbuz Schomrat und dem Entwurf eines Musterplans für Schulhöfe im Auftrag des Erziehungsministeriums.

In einem Aufsatz von 1949 schilderte Latte die praktische

Planung für den Stadtpark in Tiberias: Zunächst löste er Drainageprobleme, danach legte er schattige, breite Wege an, pflanzte große, durchgehende Rasenflächen und verstreute zahlreiche Sitzecken. Für diesen Entwurf verwendete er den örtlichen Basaltstein und betonte, dass ein Park pflegeleicht sein müsse.[6]

Latte war ein begehrter Lehrer. Er unterrichtete Gartenbau an der Landwirtschaftsschule in Nahalal, an der Ruppin-Schule im Emek Chefer und an der Fakultät für Architektur des Technion in Haifa. Von 1950 an fungierte er als Chefberater im Landwirtschaftsministerium, beriet Gärtner in Stadtverwaltungen und vor allem in Dörfern. Außerdem gab er Kurse, machte Radiosendungen, organisierte Beratungstreffen und schrieb viel zu Gartenfragen. In den rund 500 Aufsätzen, die er ausschließlich in der Landschafts- und Gartenzeitschrift *HaSadele Gan VaNof,* später *Gan VaNof,* dem offiziellen Organ des Gärtnerverbands, veröffentlichte, behandelte er vielfältige Themen: die Aufgaben im Garten im Lauf des Jahres, Eindrücke von seinen Auslandsreisen, Betrachtungen über wissenschaftliche Pflanzennamen, die Bedeutung wissenschaftsbasierten Gartenbaus, die Bepflanzung von Straßenrändern und schließlich den Naturschutz, auf den ich mich hier konzentrieren möchte. Im letzten Jahrzehnt seines Lebens verfasste er vorwiegend Aufsätze über die Akklimatisierung ausländischer Pflanzen und ihre Aufnahme in örtliche Ziergärten. Haim Latte starb 1988.

Untersucht man seine Aufsätze aus den Jahren 1950 bis 1975, erkennt man die Veränderungen in seiner Weltanschauung – von einer modernistischen Auffassung, die den Menschen in den Mittelpunkt stellte, zu einer, die den Menschen als Teil der ihn umgebenden Landschaft betrachtete.

Zum Neujahrsfest der Bäume am 2. Februar 1950 veröffentlichte Latte einen kurzen Text in *HaSadele Gan VaNof.* Noch in der Euphorie über die Gründung des Staates rief er zur Pflanzung von Wäldern und Gestaltung von Parks auf, zum Wohle der Landschaft und der menschlichen Gesundheit:

Nun durften wir die Gründung des Staates Israel erleben. Und damit sind alle Barrieren beseitigt, jetzt liegt es an uns, weite Flächen mit Wäldern, Parks und Alleen zu bepflanzen – um die Landschaft unseres Landes in eine Augenweide zu verwandeln. Die Verschönerung der heimischen Landschaft muss zum nationalen Projekt werden, für das jeder Bürger in Israel verantwortlich ist, und vor allem unsere Jugend.[7]

Der pädagogische Aspekt des Gartenbaus zieht sich wie ein roter Faden durch seine Schriften. Er betrachtete den Naturkundeunterricht als wichtiges Mittel zur Förderung der Heimatliebe und den Gartenbau als Mittel zum Schutz gegen Verwahrlosung und andere Gefahren. Nach der Urbarmachung des Bodens (dem ersten Stadium des Gartenbaus) »muss man für Verschönerungen und Schmuckelemente Sorge tragen, denn nur das Schöne vermag die Zuneigung des Menschen zu wecken, und nur Bürger, die ihre Heimat lieben, sichern deren Fortbestand. Nicht von Luxus reden wir hier, sondern von einem dringenden Erfordernis, das viel erzieherische Anstrengung zu seiner Verbreitung braucht, um das Versprechen der Revolution, die in unserem Volk begonnen hat, einzulösen.«[8]
Verschönerungen wollte Latte mit der Erweiterung des Zierpflanzenangebots schaffen, der Einführung von Pflanzen aus aller Welt. Zuerst pflegte er sie eigenhändig in der Versuchsstation in Tel Aviv, und später inspizierte er die Versuchsfelder, die im ganzen Land verstreut lagen, und schilderte seine Erfolge in zahlreichen Aufsätzen.

Diese Tendenz widersprach den Auffassungen der Naturschützer und anderer Kräfte, die den israelischen Park oder Garten vor allem mit heimischen Pflanzen bestückt sehen wollten. Die 1954 gegründete Gesellschaft für Naturschutz in Israel fand in *HaSadele Gan VaNof* eine wichtige Plattform zur Verbreitung ihrer Ideen und zur Rekrutierung von Gärtnern und Gartenarchitekten für ihre Ziele. Zum Neujahrsfest der Bäume am 28. Januar 1956 erschien ein Sonderheft über Naturschutz und die Naturschutzgesellschaft. Der Gesellschaftsrat erklärte die natürliche Landschaft zum Ziergarten Israels, und Azariah Alon, ein Mitbegründer der Gesellschaft, propagierte die Anpflanzung heimischer Bäume in Parks und Gärten.[9] Haim Latte, einer der eifrigsten Autoren der Zeitschrift, eröffnete das Sonderheft mit einem kurzen Lob des Naturschutzes und schilderte gleich darauf seine Versuche mit verschiedenen fremdländischen Arten im Garten der Ruppin-Schule – ein Projekt, das den im Sonderheft propagierten Ideen zuwiderlief.[10]

Zum Neujahrsfest der Bäume am 1. Februar 1961 brachte das Heft den Vorschlag, einige Nationalparks und Landschaftsschutzgebiete einzurichten, und rief den Gärtnerverband dazu auf, den Gesetzentwurf zu Nationalparks und Naturschutzreservaten zu unterstützen. Latte nutzte die Gelegenheit, um seine Exkursionen in europäische Nationalparks und Naturschutzgebiete zu beschreiben und ein anderes Modell für den Landschaftsschutz vorzustellen. Sein Aufsatz handelte vom Westfalenpark in Dortmund, der – teils auf postindustriellem Brachgelände entstanden – zu einem beliebten Ausflugsziel samt Zoo und botanischem Garten wurde, den seine Besucher – laut Latte – als Natur betrachteten.[11]

In den folgenden Jahren vertrat Latte weiterhin originelle Auffassungen, die im aktuellen Diskurs unüblich waren.

1970 behauptete er in einer Ausgabe von *Gan VaNof*, der Mensch sei Teil der Natur, unterscheide sich darin nicht von »anderen natürlichen Wesen«, und sein gewollter oder ungewollter Einfluss auf seine Umgebung beträfe vor allem Gebiete, die sich längst vor Erscheinen des Menschen dort entwickelt hätten. Er widersprach der scharfen Trennung zwischen Gartenbau und Natur und bezeichnete Naturschutzgebiete als Parks, in denen der Mensch eingreife, um Naturerscheinungen vor dem Menschen zu retten: »In dieser Hinsicht besteht kein großer Unterschied zwischen Naturschutz und Gartenbau. Nur ist der Gartenbau gegen die Schäden der Natur entstanden, während der Gedanke des Naturschutzes in Reaktion auf die Schäden, die die menschliche Kultur der Natur zufügte, aufgekommen ist.«[12]

Damit bildete Latte eine Ausnahme im Kreis der Landschaftsarchitekten, die in den 1920er Jahren nach Palästina kamen und sich vorwiegend mit Gartengestaltung beschäftigten, nicht aber mit Landschaftsplanung in großem Stil. Im ökologischen Diskurs jener Zeit stand Lattes modernistische Auffassung für das Prinzip der Erschließung, das sich nach Ansicht des Politologen Avner De-Shalitals Reaktion auf eine romantische Einstellung gegenüber der nahen Umgebung etablierte: »Diese Leute verstanden sich den Kräften des Fortschritts zugehörig – das heißt der neuentstehenden sozialistischen Welt, die sich an Europa orientierte. Sie wollten den Nahen Osten – einschließlich seiner Umwelt – in ›Zivilisation‹ verwandeln.«[13]

Latte bildete auch darin eine Ausnahme, dass er den Begriff »Kulturlandschaft« zu einer Zeit verwendete, als dieses Thema noch kaum diskutiert wurde. Im Gegensatz zu den frühen Umweltbewussten in Israel, die die Natur in entlegenen Reservaten schützen wollten, trat Latte dafür ein, die Natur in bebaute Flächen einzubeziehen. Er förderte die

Anpflanzung heimischer Arten neben akklimatisierten Zierpflanzen in den städtischen Parks, um die Natur im Allgemeinen und Wildblumen und Wildtiere im Besonderen einer breiten Öffentlichkeit nahezubringen. Latte verneinte eine strikte Trennung von Mensch und Natur, mit der Behauptung, der Mensch habe die Natur seit jeher beeinflusst. Die heimische Landschaft sei Ergebnis generationenlangen menschlichen Eingreifens, und diese Kulturlandschaft gelte es für die Zukunft zu erhalten, meinte er. Bei der Beschreibung der postindustriellen Landschaft im Dortmunder Westfalenpark ließ er sogar postmoderne Gedanken von der Neuerfindung der Natur anklingen, von der Rückverwandlung kultivierter Erde in Wildnis.

Lattes Vorstellungen von Landschaftsschutz wandelten sich mit den Jahren. Nach seinem Eintreffen im Land Israel förderte er die Anpflanzung von Wäldern und Gärten, die Akklimatisierung von Arten aus aller Welt und die Verbindung von Natur und Menschenwerk. In seinen letzten Veröffentlichungen äußerte er eine bescheidenere Einstellung zur Natur, wohl weil er nach der Staatsgründung die Auswirkungen intensiver Entwicklung auf die heimische Landschaft miterlebt hatte. Seine letzte Aussage zu diesem Thema erschien 1975 anlässlich der Verleihung des Abraham-Karavan-Preises. In einem Interview mit der Tageszeitung *Haaretz* zu diesem Anlass äußerte er sich besorgt über die Natur. Er ließ die Leser an seiner Interpretation der biblischen Geschichte von der Vertreibung aus dem Paradies teilhaben, die seiner Ansicht nach auf der Habgier des Menschen beruhte, der alle Äpfel des Garten Eden pflückte. Er schilderte seine letzten Gefechte gegen die Verringerung von Grünflächen, betonte seine Einstellung als einfacher Gärtner, der ehrfürchtig die Wunder der Natur betrachtete, und erklärte: »… wir haben noch gar nicht angefangen, die Natur zu erkunden, aber Eines weiß ich: Sie mag keine drastischen Veränderungen. Du kannst viele wunderbare Dinge aus der Natur herausholen, unter der Bedingung, dass du sie überlistest – mit Bedacht, nach und nach, unter Berücksichtigung ihrer Wege und Bedürfnisse. Rebellierst du gegen sie, wird sie dir eine Lehre erteilen.«[14]

Während er anfangs den Menschen in den Mittelpunkt stellte (homozentrische Auffassung) und die Natur als Werkzeug für die menschliche Gesundheit betrachtete, da sie die Luft filtere, den Boden festige und Schatten spende, verwiesen seine letzten Schriften auf eine ökozentrische Haltung, die die Umwelt in den Mittelpunkt rückt. Die Natur sei ein eigenes Wesen und könne auf Schädigungen hin zurückschlagen, erklärte Latte. Aus dem jungen Gartenbauer Haim Latte war im Alter ein Schutzpatron des Garten Eden geworden.

Aus dem Hebräischen von Ruth Achlama

1 Michael Ohad, »Grüne Lungen«, *Haaretz*, 4.4.1975, S. 16-17 (hebr.).
2 Haim Latte, »Die Gartenbauschule bei Hannover, 1893-1941«, *Gan VaNof*, 1978, Bd. 34 (1), S. 39-41 (hebr.).
3 Hans-Dieter Schmid (Hrsg.), *Ahlem – Die Geschichte einer jüdischen Gartenbauschule*, 2008, siehe bes. S. 310-313.
4 Haim Latte, »Die Ecke des Ausbilders«, *Gan VaNof*, 1960, Bd. 17 (2), S. 65-67 (hebr.).
5 Über Warburgs Arbeit auf dem Gebiet der Akklimatisierung von Arten und der Bodenkultivierung in Israel siehe Dana von Suffrin, »The Possibility of a Productive Palestine: Otto Warburg and Botanical Zionism«, *Israel Studies*, 2021, 26 (2), S. 173-197.
6 Haim Latte, »Der Stadtpark von Tiberias«, *HaSadele Gan VaNof*, 1949, Bd. 4 (2), S. 22-24 (hebr.).
7 Haim Latte, »Die Verschönerung der heimischen Landschaft«, *HaSadele Gan VaNof*, 1950, Bd. 5 (2), S. 17-18 (hebr.).
8 Haim Latte, »Die Erziehung der Jugend und die Landschaft des Landes«, *Gan VaNof*, 1960, Bd. 17 (2), S. 64 (hebr.).

9 *HaSadele GanVaNof*, 1956, Bd. 11 (5) (hebr.).
10 Haim Latte, »An den Gärtner«, *HaSadele GanVaNof*, 1956, Bd. 11 (5), S. 70 (hebr.).
11 Haim Latte, »Reiseeindrücke – Über Nationalparks, Naturschutzreservate und anderes mehr«, *Gan VaNof*, 1961, Bd. 16 (5-6), S. 196-199 (hebr.).
12 Haim Latte, »Gartenbau und Naturschutz«, *Gan VaNof*, 1970, Bd. 25 (4), S. 171-173. Die Aufsatzserie zum Thema umfasste drei Einzelaufsätze. Der zweite Teil erschien in *Gan VaNof*, Bd. 25 (5-6), S. 258-260, und der dritte in Heft 7, S. 317-319 (hebr.).
13 De Shalit, Avner, »From the Political to the Objective: The Dialectics of Zionism and the Environment«, *Environmental Politics*, 1995, Bd. 4 (1), S. 70-87.
14 Ohad, 1975, S. 17.

AVIRAMA GOLAN
MIT DEM RÜCKEN ZUM MEER?

Israel liegt am Mittelmeer, ist Nahoststaat und Mittelmeeranrainer zugleich. Aber ist es auch ein mediterranes Land? Fühlen Israelis sich der mediterranen Kultur zugehörig? Zur Beantwortung dieser Frage muss man sich einen Eindruck von der mediterranen Kultur verschaffen und auch das eine oder andere über die jüdische Geschichte und die der jungen israelischen Gesellschaft wissen.

Hunderte von Büchern, Studien und Reiseberichten haben bis heute nicht endgültig geklärt, ob es eine Gemeinsamkeit unter den Mittelmeerstaaten gibt und ob die mediterrane Kultur tatsächlich existiert oder reine Erfindung ist. Das Meer selbst hat viele Namen, die verschiedene Völker ihm verliehen haben: das große Meer, Sonnenuntergang, Mare Nostrum, das letzte oder das höchste Meer. Im Mittelalter kam der Name Mittelmeer auf, doch die Anrainerländer wurden erst Ende des 19. Jahrhunderts als historische, geografische und kulturelle Einheit gesehen.

Das Mediterrane ist im (westlichen) Bewusstsein unweigerlich mit einer durch Olivenbäume, Weingärten und Orangenhaine gekennzeichneten Landschaft in warmem, sonnigem Klima verbunden. Ebenso konstant ist das Bild des mediterranen Menschen: sonnengebräunt, dichtes, üppiges Haar, ausgeglichen, umgänglich, frohsinnig und sorglos, aber auch leidenschaftlich, kindlich und laut, listig und nicht ganz ehrlich, dabei jedoch traditionellen Werten verhaftet. Diese Schilderung krankt an stereotyper Romantisierung, und die Schilderung mediterraner Frauen in der westlichen Literatur verliert sich in fantasierten Kontrasten zur angeblich kühlen und zurückhaltenden Europäerin. Diese Bücher beschreiben die mediterrane Südländerin als heißblütig, leidenschaftlich und sinnlich, großzügig und liebevoll, aber auch als sentimental, herrschsüchtig, stimmkräftig – und daher natürlich als gefährlich.

Heute sieht man das Bild komplexer, vielschichtiger, facettenreicher und multikultureller, allerdings lässt sich das Geflecht aus Geschichte, Gesellschaft und Kultur kaum ignorieren, das die antiken und die neuen Zivilisationen, Staaten, Völker, Gemeinden und Kulturen rings ums Mittelmeer kreuz und quer miteinander verbindet. Besonders das Meer, das Touristen als blaues Paradies der Sonne und Ruhe erleben, war bei Seefahrern schon in alten Zeiten wegen seiner gefährlichen Winterstürme und den zuweilen auch im Sommer aufgewühlten Wassern berüchtigt. Die großartige Literatur, die diese Stürme schilderte, ist ein Grundpfeiler der westlichen Kultur.

Im Vorwort des (hebräischen) Buches *Mediterrane Anthologie* (Tel Aviv 2004) schreibt der Herausgeber Yaacov Shavit, eine auf vielen gemeinsamen Grundlagen basierende Kulturwelt sei im Mittelmeerraum schon in alten Zeiten eine historische Tatsache gewesen, lange bevor man eine solche »entdeckte« oder »erfand«. »Erfunden wurde seine Definition als mehr oder weniger einheitlicher geohistorischer Bereich mit spezifischen, festumrissenen Merkmalen«, erklärt Shavit. »Das Bild einer mediterranen Welt mit mediterranem Lebensgefühl ist eine ›Erfindung‹, an der Historiker, Geografen, Anthropogeografen, Dichter, Romanciers sowie die Verfasser von Reisebeschreibungen und Kochbüchern und einige Politiker mitgewirkt haben, fast alle im Europa nördlich der Alpen und nicht an den Ufern des Mittelmeers geboren.«

Seither sind viele Wellen an diese Strände geschlagen und viele Bücher von seinen Anwohnern selbst verfasst worden, darunter von zwei Giganten: Albert Camus und Jacqueline Kahanoff. Beide versuchten, den »mediterranen Geist« zu beschreiben. Es gehe dabei nicht um die »Verherrlichung einer bestimmten Kultur« (Camus), sondern um ein Denken, das nach der jeweils humansten Option sucht, die bei jedem Konflikt zwischen Prinzip und Mensch dem Menschen den Vorzug einräumt.

Camus zerstritt sich mit Sartre und dessen Anhängern, als er erklärte: »Ich glaube an die Gerechtigkeit, aber bevor ich die Gerechtigkeit verteidige, werde ich meine Mutter verteidigen.« Kahanoff, die glaubte, ein mediterraner Mensch sein bedeute überall (oder vielleicht auch nirgendwo) zu Hause zu sein, bestimmte: »Ein Mensch, mit all seiner Minderwertigkeit, ist wichtiger als ein noch so geheiligtes Prinzip.«

Diese beiden Aussagen sind nie wirklich ins israelische Bewusstsein eingedrungen. Die Gründerväter Israels, die zumeist aus Osteuropa und dort vor allem aus Russland, der Ukraine und Moldawien stammten, waren zwar fasziniert von den goldenen Dünen, die sie erblickten, als sie in dem alten, kleinen Hafen von Jaffa aus den Landungsbooten stiegen, aber die erste hebräische Stadt, Tel Aviv, bauten sie nach dem Vorbild der Städte ihrer Kindheit, Odessa zum Beispiel. Und Patrick Geddes, der schottische Stadtplaner, der auf Einladung des britischen Hochkommissars anreiste, skizzierte den Bebauungsplan für Tel Aviv als »Gartenstadt«, nach dem Vorbild, das er in einer anderen britischen Kolonie, in Indien, umgesetzt hatte.

Tel Avivs Hauptverkehrsstraßen verlaufen nicht zum Meer, sondern parallel zur Küste. Die breiten Alleen, die Parks, die wunderschönen Plätze und Grünflächen sind allesamt nach europäischem Vorbild angelegt. Die weiße Stadt – das

Tel Aviver Stadtzentrum – wurde als UNESCO-Welterbe anerkannt, aber abgesehen von einem Streifen, dem großen Unabhängigkeitspark, der zur Küste hinabgeht, ist das Meer kein natürlicher Teil der Stadt, sie öffnet sich ihm nicht. Mit der Zeit entstanden große Hotelpaläste und moderne Wohntürme entlang der Küste, versperrten das Meer und erstickten die niedrigeren Häuser und die schmalen Straßen dahinter.

Die biblischen Stämme der Israeliten lebten zwar am Mittelmeer, siedelten aber offenbar immer mit dem Rücken zum Meer, außer Sebulon natürlich, von dem es bekanntlich heißt: »Sebulon wohnt nahe dem Strand, am Gestade der Schiffe« (Gen. 49:13). Der Legende nach schlossen Sebulon und sein Bruder Issachar ein interessantes Abkommen, dessen Geist bis heute über der jüdischen Gesellschaft im Allgemeinen und der israelischen Gesellschaft im Besonderen schwebt: Sebulon, der Seefahrer, der Handelsschiffe über das »große Meer«, wie der alte hebräische Name des Mittelmeers lautet, lenkte, ernährte die Großfamilien der beiden, während Issachars Beitrag darin bestand, im Zelt zu sitzen und die Tora zu studieren. Der eine befreite seinen Bruder von der Erwerbstätigkeit, dieser den anderen von dem religiösen Gebot des Lernens. Das war die gerechte soziale Aufteilung zwischen dem Menschen der Tat und dem Geistesmenschen, die beide unerlässlich für die menschliche Gesellschaft sind.

Abgesehen von Sebulon, der nur am nördlichen Teil der Küste agierte (im Süden saßen die Philister), interessierten unsere Vorväter sich nicht besonders für das Meer. Hier und da beschäftigten Juden sich zwar mit Schifffahrt – zum Beispiel auf den Flüssen in Bagdad und Alexandria und im Indischen Ozean auf der Seite Adens und des Jemen sowie in Spanien (einige jüdische Wissenschaftler dort erfanden

Navigations- und kartografische Geräte und nahmen nach der Vertreibung ihr Wissen mit in die Niederlande, wo sie zur Entstehung dieser Seemacht beitrugen), aber nach zweitausendjährigem Diasporaleben ist die Aufteilung zwischen der Welt des Geistes und dem Geldmarkt bis auf ein einfallsloses Restabkommen dahingeschwunden. Das Meer wurde gestrichen. Höchstens werfen wir am jüdischen Neujahrsfest noch virtuelle Sünden hinein.

Die heterogene israelische Gesellschaft – eine Ansammlung von Menschen aus vielen Ländern der Diaspora, die zumeist kein Leben am Meer kannten, es sogar fürchteten – begeisterte sich zwar für seine blaue Schönheit und für das Gefühl der Freiheit, das es dem kleinen Land verlieh, dessen Landgrenzen ringsum gesperrt waren, öffnete sich der See aber nie richtig. Aufgrund ihres soziologischen Hintergrunds – stets ängstlich besorgt, in Ghettos gepfercht – kamen die jüdischen Einwanderer nur schwer zurecht mit der offenen Weite. Man kann durchaus sagen, dass wir uns hier mit dem Rücken zum Meer angesiedelt haben.

Vom Meer geträumt haben wir allerdings, und wie. In der neuen hebräischen Kultur tauchte es in zwei Fantastereien auf: Die eine findet sich in Chaim Nachman Bialiks romantischen Versen: »Überm Meer, in den Staaten der See, liegen die goldenen Inseln, ihren Namen weiß ich nimmermehr«, voll erotischen Verlangens, das der Wirklichkeit entflieht. Die andere, nicht weniger romantische Fantasie regiert in Nathan Altermans Traum von König Salomons unerschrockenen Seeleuten. Seine Matrosen sind praktisch trinkfeste Piraten: »Ja, das war ein kühner Trupp / Seemänner waren's! Mann für Mann / kannten Tyros und Nubien wie Aschdod und Indien / das Meer von Eilat und von Kreta und von Tarschisch. Das Ruder wie den Becher wussten sie zu halten / auch den Dolch bei Bedarf zu führen / trugen einen großen

Ring im Ohrläppchen / und einen roten Turban auf dem Kopf.« Jede Verbindung zwischen der biblischen Zeit im Land Israel und diesen begeisterten, typisch europäischen und modernistischen Schilderungen der beiden Dichter ist rein zufällig, was die Schönheit der Gedichte natürlich nicht beeinträchtigt.

In den letzten Jahren lernen wir das Meer zu schätzen, noch nicht wie die Griechen, die Türken oder die nordafrikanischen Völker, die an klareren und geschützteren Gestaden desselben Meeres leben (Israel sitzt an einem Ende, wo Verschmutzungen und unangenehme Strömungen ankommen), und nicht mit der ganzen natürlichen Liebe zu dem immensen Besitz, der uns geschenkt ist, aber doch immerhin, nach und nach. Die Wassersportarten entwickeln sich schön. Die Zahl der Freizeitsegler wächst Jahr für Jahr. Das Bewusstsein für Küstenschutz und Wasserqualität steigt (trotz empörenden Verschmutzungen durch Fabriken und Tanker), und die wenigen Strände, die dem unkontrollierten Bauboom entgingen, sind hübsch und gepflegt. Das Mittelmeer ist unsere offene Grenze. Es ist unser Tor zur weiten Welt. Es gibt uns Gelegenheit, wirklich und wahrhaftig Teil dieser Gegend zu sein. Hoffentlich können wir ihm unser Herz und unsere Augen öffnen.

Aus dem Hebräischen von Ruth Achlama

Sonnenaufgang in der Negev-Wüste

YAEL ZERUBAVEL
DIE WÜSTE IN DER ISRAELISCHEN KULTUR: ERINNERUNG, IDEOLOGIE UND SYMBOLISCHE LANDSCHAFTEN

Der israelische Schriftsteller Amos Oz, der in der Wüstenstadt Arad lebte, beschrieb seinen frühmorgendlichen Wüstenspaziergang mit der knappen Feststellung: »Die Wüste beginnt hier am Ende unserer Straße.« Damit meinte er eindeutig die physische Landschaft, die abrupt von einer jüdischen Ortschaft in die umliegende Wüste überwechselt. Doch seine Worte haben auch eine symbolische Bedeutung, tief verwurzelt im israelischen Siedlungsdiskurs, der den Unterschied zwischen besiedeltem Land und Wüste hervorhebt. Mein Buch *Desert in the Promised Land* (Stanford University Press, 2019) untersucht die vielfältigen und teils widersprüchlichen Bedeutungen der Wüste in der hebräischen Kultur, von den späten Jahren des Osmanischen Reiches über die britische Mandatszeit bis zur Staatsgründung 1948 und danach. Beeinflusst durch biblische Traditionen des Judentums, europäischen Orientalismus und zionistische Ideologie, bezeichneten frühzionistische Siedler und Palästinareisende den Raum außerhalb jüdischer Siedlungen oft als symbolische Wüste. Nach dem Krieg von 1948 gliederte der Staat Israel die Wüste Negev ein, die über die Hälfte seines Gebiets ausmachte. Doch ideologisch gesehen interessierte man sich für Siedlungen und Siedlungswerk, während die Rolle der Wüste in der israelischen Kultur kaum wissenschaftliche Beachtung fand.

Ausgangspunkt unserer Diskussion ist nicht die geografische

Wüste, sondern ihre kulturelle Gestalt als »symbolische Landschaft«. Wir folgen Henri Lefebvres These von der kulturellen Produktion des Raums bei der Untersuchung, wie zionistische Juden das Land, das sie als ihr altes Heimatland betrachteten, wahrnahmen, erfassten, kodierten und umgestalteten. Dabei werden vielseitige Quellen berücksichtigt: biblische Geschichten und historische Studien, pädagogische Texte, literarische Werke, Zeitungsartikel, Touristenpublikationen, Gemälde, Plakate, Cartoons, Lieder und Filme sowie ethnografische Beobachtungen an Wüstentourismusorten und Gespräche mit Negev-Bewohnern. Dieser integrative Ansatz erlaubt es uns, die Beziehungen zwischen Wüste und Siedlung zu untersuchen und ein vielfältiges Porträt der Wüste zu zeichnen.

In dem Raum-Code, den die jüdisch-zionistischen Einwanderer unter osmanischer Herrschaft und in der britischen Mandatszeit entwickelten, bildeten »Wüste« und »Siedlung« zwei symbolische Schlüssellandschaften, definiert durch Gegensatz und Wechselbeziehung. Die Immigranten konzentrierten sich auf die Ansiedlung als Schlüssel zur jüdisch-nationalen Wiedergeburt; die Wüste diente als Hintergrund, vor dem die Siedlung erbaut wurde. Die lexikalen Definitionen der hebräischen Begriffe, die diese Schlüsselraumkategorien bezeichnen – *midbar* für Wüste und *jischuw* für Siedlung oder Ortschaft – offenbaren ihren Zusammenhang. In der hebräischen Bibel meint das Wort *midbar* ein unkultiviertes Gebiet, das vorwiegend als Weideland diente und in Kontrast zum *jischuw*, dem bewohnten und zivilisierten Ort, stand. Im heutigen Hebräisch ist *midbar* zum Standardausdruck für einen sehr trockenen Landstrich mit wenig oder gar keinem Wasser und dürftiger Vegetation mutiert, während andere biblische Begriffe wie *tzija* und *jeschimon* literarisch höher rangieren. Die Übernahme des Begriffs *jischuw* zur Bezeichnung der jüdischen Gemeinschaft in Palästina illustriert seine ideologische Bedeutung, ebenso wie der Gebrauch des Begriffs »Jischuw-Ära« für die Zeit der zionistischen Einwanderung nach Palästina (1880er Jahre bis 1948).

Die verschiedenen Interpretationen der Wüste als symbolische Landschaft, die während der formativen Jahre der hebräischen Kultur im späten Osmanischen Reich und während der britischen Mandatszeit entstanden, fußen auf ihrer Rolle als Erinnerungsort. Die Wüste spielte eine wichtige Rolle als Grenzraum göttlicher Offenbarungen und wichtiger Übergänge in der biblischen Geschichte vom Auszug der Kinder Israels aus Ägypten, dem Land des Exils, in ihr verheißenes Land. Dieses Paradigma inspirierte moderne Texte, die im zionistischen Kontext der jüdischen Heimkehr ins Land darauf zurückgriffen. Gleichzeitig bewahrt das jüdische Gedächtnis noch eine andere Bedeutung der Wüste als räumliche Metapher für Exil. Jüdische Siedler betrachteten ihre eigenen Siedlungen als Verkörperung des zivilisierten *Ortes* (hebräisch *makom*, wie Zali Gurevitch und Gideon Aran feststellten) und sahen den Raum außerhalb ihrer Ortschaften als eine symbolische Wüste, eine feindliche und öde Landschaft, die den negativen Einfluss ihrer einstigen Verbannung verkörperte – als *Gegen-Ort*.

Die jüdische Gemeinschaft in Palästina benannte die Dualität der Wüste, sah sie zum einen als mythischen Nicht-Ort, verbunden mit dem mythischen Ursprung des Volkes Israel, und zum anderen als feindlichen Gegen-Ort, der die jüdische Siedlung umgab und ihr Überleben gefährdete. Jüdische Einwanderer aus Europa waren fasziniert von der Mystik der Wüste als mythischem Herkunftsort, der den alten Geist und das nationale Erbe ihres Volkes bewahrte, wobei auch orientalistische Auffassungen jener Zeit hineinspielten. Die Beduinen der Wüste schienen den biblischen Vorfahren näher zu sein und galten daher als ein Vorbild für die ersehnte neue hebräische Kultur und Identität. Die Wüstenmystik inspirierte Geschichten, Lieder, Tänze, Mode und Kunst sowie manche Verhaltensweisen wie etwa das Pferdereiten im vorstaatlichen Jischuw. Diese Tendenz verblasste in den 1930er Jahren, als der nationale Konflikt zwischen Juden und Arabern in Palästina entflammte, doch ihr Einfluss ist noch in der zeitgenössischen israelischen Kultur erkennbar.

Die negative Einstellung zur Wüste bestimmte den jüdischen Siedlungs- und Verteidigungsdiskurs, der sich mit der Auswirkung der jüdischen Verbannung auf das Land befasste. Zionistische Reisende und Siedler bezeichneten weite natürliche Gebiete außerhalb jüdischer Siedlungsgebiete – Felshänge, Sanddünen oder Sümpfe – als Wüste (*midbar*), Ödland (*schmama*) oder hyperbolisch als »öde Wüste« (*midbarschmama*), im Anklang an Joel 3:2. Obwohl historische Studien und andere Beschreibungen, auch von Juden, dem Bild der palästinensischen Landschaft als »öde Wüste« widersprechen, ist diese Ansicht tief im jüdischen Siedlungsdiskurs und in der gängigen israelischen Erinnerung verankert. Jüdische Siedler verwendeten daher oft Kriegsrhetorik zur Beschreibung des Siedlungswerks als Kampf zur Eroberung der Wüste. Die Bezeichnung der Siedlung als Oase oder Insel, bedrängt durch die Wüste, unterstrich den in ihrem Verhältnis angelegten grundsätzlichen Antagonismus.

Unter dem Einfluss kolonialistischen und orientalistischen Gedankenguts berührte der jüdische Diskurs über Idee und Praxis der Ansiedlung auch die Mission, zivilisierend zu wirken, Moderne, Ordnung und technischen Fortschritt zu vermitteln. Zionistische Plakate stellten die beiden symbolischen Landschaften gern einander gegenüber: besiedeltes Land und Wüste, hier gerade Linien und rationale Ordnung in zivilisierten jüdischen Ortschaften mit kultivierten Feldern, dort ungezähmte Wüstenlandschaft.

Der Krieg von 1948 bestärkte die Metapher von der »belagerten Insel« für den ganzen Staat Israel, aber die wenigen, isolierten jüdischen Ansiedlungen im Negev erlebten diese Situation ganz konkret. Nach dem Krieg brachte die Eingliederung der Negev-Wüste in den neugegründeten Staat zwar eine wesentliche Verschiebung von der symbolischen Wüste *außerhalb* des jüdischen Ansiedlungsgebiets in vorstaatlicher Zeit zur konkreten Negev-Wüste als *interne* Grenzregion, aber im Siedlungs- und Verteidigungsdiskurs, in der Umweltdiskussion und im Tourismus finden sich noch heute Spuren dieser Problematik.

Nach 1948 rangierte die Debatte um Ansiedlung und Verteidigung weit oben auf der Agenda des Staates. Wegen der Größe der Südregion mit ihrer spärlichen jüdischen und beduinischen Bevölkerung propagierte Ministerpräsident David Ben Gurion seine Vision, »die Wüste zum Blühen zu bringen«, wollte die Landesgrenzen durch die Gründung einiger neuer Kibbuzim und anderer jüdischer Ortschaften sichern. Angesichts der begrenzten Wirkung seines Aufrufs und der massiven jüdischen Einwanderung in den 1950er und 1960er Jahren schickte der Staat Neueinwanderer in grenznahe Moschawim und sogenannte Entwicklungsstädte. Die Einwohner dieser neuen Ortschaften mussten ihre Lebensweise den harten Bedingungen der Peripherie anpassen, um wirtschaftlich zu überleben. Als Israel Anfang der 1980er Jahre, nach dem Friedensvertrag mit Ägypten, aus der Sinai-Halbinsel abzog und große Militär- und Luftwaffenstützpunkte in die Negev-Region verlegte, wurde das zur Besiedlung zur Verfügung stehende Land noch knapper.

Die Siedlungsagenda begünstigte neue Initiativen und neue Pioniere, die die Wüste individualistischer und unternehmerischer betrachteten und andere Siedlungsformen bevorzugten, darunter Familienfarmen, die landwirtschaftliche Entwicklung mit Tourismus paaren.
Schwieriger ist die Lage der Beduinen, da sie nach dem Krieg von 1948 auf ein besonderes Gebiet im Zentrum des Negev umgesiedelt und bis 1966 unter Militärverwaltung gestellt wurden. Während sich zahlreiche Beduinenfamilien auf spontan gegründete kleine Dörfer außerhalb dieses Gebiets verteilten, wollte die Regierung die Ansprüche der Beduinen durch ihre Umsiedlung in sieben Beduinenstädte regeln, die in der Gegend eigens gebaut wurden. Trotz der schlechten Lebensverhältnisse in den Dörfern und verstärktem Polizeieinsatz weigerte sich ein erheblicher Teil der Beduinen, in die Städte umzuziehen und ihre traditionelle Lebensweise aufzugeben. Die staatlich nicht anerkannten Beduinendörfer sind auf offiziellen Landkarten gar nicht verzeichnet, und ihre Bewohner leben in der Grauzone eines semipermanenten, vorläufigen Status, der dem Begriff Siedlung eine andere Bedeutung verleiht. Die hohe Kriminalitätsrate sowie die harten Ordnungsmaßnahmen und die häufige Zerstörung illegal errichteter Bauten tragen zum Bild des Negev als dem »wilden Süden« bei und stützen die Vorstellung, die Wüste sei ein feindlicher und chaotischer Gegen-Ort.
Wie der Siedlungsdiskurs spricht auch der Umweltdiskurs vom Kontrast zwischen der Siedlung, dem bewohnten Ort, und der Wüste als unbewohntem Raum. Doch die Umweltschützer bewerten den Gegensatz von Wüste und Siedlung anders, wollen Wüste und Ödland vor Besiedlung bewahren und kritisieren die staatliche Auffassung von der Wüste als Leerraum, in den man unerwünschte, zweifelhafte und ge-

fährliche Elemente verlegen könne: Mülldeponien, chemische Industrie, Gefängnisse, Militär- und Luftwaffenstützpunkte. Die Umweltschützer versuchen, öffentliche Unterstützung zu erhalten, und kämpfen gegen die Gleichsetzung von »Siedlung« mit Ethik, Recht und Ordnung und führen Gerichtsprozesse gegen illegale oder umweltschädliche Siedlungs-, Industrie- oder Verteidigungsprojekte. Die Diskussion beleuchtet die disparaten Auffassungen von Wüste und zeigt, wie nach dem jeweiligen Einzelfall und den betroffenen Interessen von Staat, Ortsbehörden, Armee, Industrie, Tourismus und Umweltlobby wechselnde Koalitionen entstehen.

Die Lücken und Widersprüche in der Darstellung der Wüste als symbolischer Landschaft zeigen sich besonders beim Touristikdiskurs, der ein breitgefächertes Angebot für Wüstenreisen behandelt. Wie der Umweltdiskurs artikuliert der Touristikdiskurs die romantische Vision von der Wüste als mystischem, biblischem Ort und als offenem Raum. Er preist die Wüstenlandschaft als primäre Natur, die Zuflucht vom modernen, urbanen Zentrum gewährt, und betont die erhabene Stille der Wüstenlandschaft, die spirituelle Erfahrungen und persönliches Wachstum verheißt. Touristentouren führen jedoch auch zu archäologischen Stätten wie Massada, Qumran und den ehemaligen Nabatäer-Städten entlang der antiken Gewürzstraße und zu modernen Wüstenorten. Diese unterstreichen ihre ökologische Ausrichtung, ihre schlichte Naturverbundenheit oder halten Wellnessangebote bereit, die Erholung suchende Städter anlocken. »Beduinen-Gastfreundschaft«, zelebriert von angestellten Beduinen jüdischer Touristikunternehmen, ist ein wichtiger Teil dieses Wüstenerlebnisses. Andere Veranstalter organisieren Touren in nicht anerkannte Beduinendörfer oder in Beduinenstädte und vermitteln den Besuchern das heutige

Leben der Beduinen als israelische Staatsbürger. Die zahlreichen Touristenangebote vermitteln unterschiedliche Wüstenerfahrungen, können aber auch mehrere Visionen der Wüste in einer Tour verbinden, ohne zwangsläufig die vorhandenen Spannungen und Gegensätze aufzuzeigen.
Die Diskussion über verschiedene Facetten des Wüstentourismus bietet eine metaphorische Reise durch die Wüstenlandschaft in der israelischen Kultur. Die unterschiedlichen Visionen der Wüste und die konkreten Entwicklungen vor Ort zeigen, dass die Beziehung zwischen Wüste und Ansiedlung komplexer und zugleich fließender ist, als der konstruierte Gegensatz zwischen ihnen vermuten lässt. Trotzdem ist dieser Gegensatz im israelischen Denken nach wie vor stark verwurzelt. Ein enges Geflecht aus historischer Erinnerung und räumlichen Metaphern speist die Auffassung israelischer Juden von ihren Wurzeln und ihrer Beziehung zu ihrem Land und zum Nahen Osten. Wie im Epilog von *Desert in the Promised Land* erwähnt, haben die widerstreitenden Auffassungen von den offenen Weiten der Wüste und die Metapher der »belagerten Insel« räumliche Schablonen geschaffen, die die Vorstellung der Israelis von Israels Platz in Nahost formen, mit direkten Auswirkungen auf die Dynamik des israelisch-palästinensischen Konflikts.

Aus dem Englischen von Ruth Achlama

HIZKY SHOHAM
DIE KAUM BEKANNTEN CHRISTLICHEN WURZELN DES TU BISCHWAT IN NEBRASKA

Einer kaum bekannten Laune der Geschichte und einem seltsamen Timing ist es zu verdanken, dass Tu Bischwat, ein ursprünglich unbedeutender kabbalistischer Festtag, seine heutige Form annahm: einer am Christentum orientierten frühen ökologischen Aktion im Nebraska des 19. Jahrhunderts, neu interpretiert von einem radikalen frühen Zionisten.

Im Dezember 1903 landete Chaim Aryeh Leib Zuta (1868-1939) in Jaffa. In der entstehenden hebräischen Kultur Osteuropas war er bereits sehr bekannt, auch als einer der ersten Verfechter des reformierten Cheder, einer Schulform, in der neben den traditionellen religiösen Fächern auch moderne säkulare Inhalte vermittelt wurden.

Im 18. Jahrhundert hatten Kabbalisten ein Ritual entwickelt, bei dem Früchte in einer bestimmten Reihenfolge verzehrt und dazu vier Tassen Wein getrunken wurden, eine Anspielung auf den Sederabend. Daneben verbreitete sich Tu Bischwat in der jüdischen Volkskultur Osteuropas als Festtag vor allem für Kinder. Es gab schulfrei, und die Lehrer schenkten ihren Schülern Obst und Süßigkeiten. In den meisten jüdischen Gemeinden war Tu Bischwat – wenn überhaupt – als unbedeutendes »Neujahrsfest der Bäume« bekannt, bei dem es weniger um das Land Israel als um Fruchtbarkeit ganz allgemein ging.

Schon wenige Wochen nach seiner Ankunft in Jaffa und

während er in der dortigen Hebräischen Mädchenschule unterrichtete, schrieb Zuta über einige Feste, die er aus Russland kannte. Als Kind hatte er vom Leben im warmen Heiligen Land geträumt, wenn er in seiner kalten Umgebung dafür betete, sich mit den Bäumen zu verbinden und sie für das neue Jahr zu segnen. Als Erwachsener erinnerte er sich an ein fröhliches Fest in Jekaterinoslaw, das heutige Dnipro in der Ukraine, bei dem die Kinder bei einem Frühjahrsfest Bäume pflanzten. Bei all dieser Heiterkeit sagte Zuta schwermütig: »Gesegnet ist das Volk, das Bäume auf seinem eigenen Land pflanzt! Aber ach, die Schüler meines eigenen Volkes pflanzen Schösslinge auf fremdem Boden, der ihnen nicht gehört, und mein Herz trauert!«

Zuta hoffte, dass »dort, im Land Israel, das Neujahrsfest der Bäume am 15. Schefat [im hebräischen Kalender] gefeiert wird und wahrscheinlich sehr bedeutend ist«. Wie groß war seine Enttäuschung, als er feststellen musste, dass es das im Land Israel gar nicht gab.

Das russische Fest, das Zuta so begeistert hatte, war im 19. Jahrhundert im amerikanischen Mittleren Westen erfunden worden. Als die Industrialisierung sich auf der ganzen Welt ausbreitete und die Wälder schrumpften, begannen die ersten Umweltbewegungen ihren Kampf für den Wald. Nebraska erklärte den 10. April 1872 zum »Tag des Baumes«. Über eine Million Bäume wurden gepflanzt, und zwei Jahre später wurde dieser Tag durch Landesgesetz zum Feiertag erhoben.

Bei diesen Festivitäten wurden von Schulklassen Bäume gepflanzt, eigens komponierte Songs aufgeführt und Bibeltexte rezitiert. Vielerorts war der christliche Unterton der Zeremonie nicht zu überhören.

Innerhalb von zwanzig Jahren hatten die meisten US-Bundesstaaten und Kanada den Tag des Baumes übernommen, um Kindern und Erwachsenen die Liebe zur Natur, das Bewusstsein für die Umwelt sowie Lokal- und Nationalpatriotismus einzupflanzen. Bis zum Ende des Jahrhunderts wurde dieser Tag auch in Australien, Neuseeland, Frankreich und Spanien begangen und erreichte sogar die Industrieregionen des Russischen Reiches.

Zuta brachte als Erster einen jüdischen Tag des Baumes ins Spiel. Seiner Meinung nach begründete er keine neue Tradition, sondern erneuerte sie nur. In seinen Augen gehörte der »Tag des Baumes uns, er sollte am 15. Schefat begangen werden, aber die Christen haben ihn durch einen anderen Tag ersetzt und sich zu seinen Erfindern erklärt«.

Bei der Konferenz des Bundes der Hebräischlehrer in Palästina im Jahr 1906 setzte Zuta sich dafür ein, dass Tu Bischwat zum Feiertag wurde, an dem Schüler und Lehrer Bäume pflanzten. Obwohl es in dieser Jahreszeit sehr oft regnet, wurde der Vorschlag angenommen. Im Jahr darauf fand in der Mikveh-Yisrael-Landwirtschaftsschule, die heute in der Metropolregion Tel Aviv liegt, die erste öffentliche Baumpflanzzeremonie statt. 300 Schüler aus fünf Schulen im nahe gelegenen Jaffa nahmen daran teil.

Am Tu Bischwat 1910 begingen die Schüler der meisten jüdischen Schulen von Jaffa – und auch die nichtzionistische und nicht hebräischsprachige Alliance Française – Pflanzfeste in Achusat Bajit, dem neuen Stadtviertel von Jaffa, dessen erste Einwohner gerade eingezogen waren. Über einen Zeitraum von mehreren Jahren pflanzten die Kinder von Jaffa Bäume in Achusat Bajit, das bald in Tel Aviv umbenannt wurde.

1913 wurde Zuta Direktor der Lämel'schen Schule und zog nach Jerusalem um. Er beteiligte sich am Baumpflanzfest mit 1500 Schülern aus allen jüdischen Schulen der Stadt: religiös und modern, Jungen und Mädchen, Aschkenasim und Se-

phardim, aus den Einwanderungswellen des alten und des neuen Jischuw.
Sie pflanzten Bäume in der nahe gelegenen landwirtschaftlichen Siedlung Motza, heute ein Nobelviertel von Jerusalem. Selten hatte man im Mandatspalästina ein so eindrucksvolles Fest gesehen, denn jüdische Großereignisse waren praktisch unbekannt. Begeisterte und wahrscheinlich übertriebene Berichte in der hebräischen Presse sprachen von 10 000 Erwachsenen, die von Jerusalem mit Kutschen, auf Eselsrücken und zu Fuß angereist waren, um das Spektakel mitzuerleben.
Die schnelle Kanonisierung des Tu Bischwat in der Zeit des Jischuw und dann in der ganzen jüdischen Welt erklärt sich aus dem starken Wunsch vieler und sehr unterschiedlicher jüdischer Gemeinschaften nach dem Dorf und dem Landleben und aus ihrer Hoffnung, die neue jüdische Landwirtschaft werde eine authentischere jüdische Kultur erschaffen.

Aus dem Englischen von Elisabeth Thielicke

NETTA AHITUV
DIE NATUR UM VERGEBUNG BITTEN – DER AGAMON-HAHULA-PARK

Als israelisches Kind wuchs auch ich mit dem Mythos der hebräischen Pioniere auf und erzählte stolz, dass mein Opa einer von ihnen gewesen war. Die Pioniere, erklärte man uns, waren tapfere Menschen, die aus aller Welt, vor allem aus Europa, hergekommen waren, wobei sie unmenschliche Schwierigkeiten zu überwinden hatten. Zum einen menschlich gesehen – ihre Familien fern in Europa verlassen, eine neue Gesellschaft gründen, der osmanischen Regierung und den einheimischen Arabern die Stirn bieten –, und zum anderen wegen der Natur – im feuchtheißen Klima leben lernen, der wilden, erbarmungslosen Natur standhalten, in einem von Sümpfen übersäten Land Fuß fassen und die Probleme meistern, die die Urbarmachung der erez-israelischen Erde und der Aufbau der jüdischen Heimstätte dort mit sich brachten. Dieses Narrativ wurde uns in der Schule beigebracht, und diese Geschichte erzählte mir auch mein Großvater, wenn er schilderte, wie er mehrere Kibbuzim in schwierigem Gelände mitgegründet hatte.

Außerdem lernten wir, die Sümpfe in Israel seien sehr gefährlich gewesen, weil die Moskitos, die darin lebten, Krankheiten übertrugen, und die Sümpfe hätten auch fruchtbares Ackerland bedeckt. Deshalb habe man sie trockenlegen müssen, und das hätten die Pioniere heldenhaft getan. Den größten Mythos dieser Art lieferte der Hula-Sumpf in der Hula-Ebene in Obergaliläa, ein Gebiet im Norden Israels, dem ein eigenes Kapitel im Geschichtsunterricht des jüdischen Volkes gewidmet ist.

In diesem Kapitel lernt man, dass 1951, nur drei Jahre nach der Staatsgründung, das größte Tiefbauprojekt des jungen Staates in Angriff genommen wurde: die Trockenlegung des Hula-Sumpfes, der sich über 62000 Dunam (6200 Hektar) erstreckte. Ziel war es, zusätzliches Ackerland für die Dörfer Obergaliläas zu schaffen und mehr Wasser in den Jordan und von dort in den See Genezareth fließen zu lassen, der einzigen Trinkwasserquelle Israels, bevor man Ende der 1990er Jahre anfing, Wasser aus dem Mittelmeer zu entsalzen.

Die erfolgreiche Trockenlegung wurde daher zum Inbegriff des israelischen Doppelsieges über den harten Vorderen Orient: Man hatte die widerspenstige Natur gebändigt und dazu einen Sieg im Wasserkonflikt mit Syrien errungen, das der Entwässerung widersprochen hatte. Die Syrer hatten ihre Ablehnung nicht nur theoretisch geäußert, sondern auch handfest demonstriert: Anhaltender syrischer Beschuss begleitete die Arbeiten und forderte vierzig israelische Todesopfer und an die hundert Verwundete. Trotzdem vollendete man 1958 den Einsatz zur Zerstörung der wilden Natur der Hula-Ebene (wobei man das Projekt damals natürlich nicht so nannte).

Erst als ich mich als Erwachsene aktiv für die Umwelt und für den Schaden, den Menschen im Allgemeinen und wir Israelis im Besonderen ihr zufügen, zu interessieren begann, erfuhr ich, dass das sogenannte Sumpfland in Wirklichkeit eine rare und höchst wichtige Süßwasserquelle inmitten üppiger Natur war. Ich lernte auch, dass die Trockenlegung dieser Wasserquelle zwar in menschlicher Hinsicht heroisch war, tatsächlich aber eine Sünde an Mensch und Natur. Das in der Schule Gelernte erwies sich als grundfalsch: Der angebliche Sieg war eigentlich ein Verlust – ein Verlust für uns alle, denn die Schäden durch die Entwässerung des Sumpfes breiteten sich wie Wellenkreise vom Norden des Landes bis in seinen Süden aus.

Im Kurs über die Umweltgeschichte Israels, den ich im Masterstudium in Ökologie belegte, erzählte man uns von ein paar Israelis, die die Größe der Gefahr schon damals erkannt hatten. Professor Amotz Zahavi, der dazugehörte, war sogar mein Professor im Bachelorstudium in Biologie. Zahavi, Azaria Alon und eine kleine Gruppe von Naturschützern widersprachen der Trockenlegung in weiser Voraussicht. Sie kämpften mit bescheidenen Mitteln und galten als Miesepeter, die die patriotische Freude über die israelische Glanzleistung verdarben. Sie unterlagen.

Allerdings war es keine totale Niederlage, denn sie konnten zwei Positiva für sich verbuchen: Aufgrund ihrer Bemühungen entstand der größte und älteste Naturschutzbund Israels, die Society for the Protection of Nature in Israel, die seit ihrer Gründung 1953 bis heute erfolgreich arbeitet. Und sie konnten zwar die Trockenlegung des Sees nicht verhindern, aber immerhin durchsetzen, dass in einem Teilstück ein kleines Naturschutzgebiet eingerichtet wurde, das als erstes des Landes gilt. Es ist das Hula-Reservat im Süden der Hula-Ebene, das sich über 4300 Dunam (430 Hektar) erstreckt. Als die Knesset 1964 endlich das »Gesetz über die Nationalparks und Naturschutzgebiete« verabschiedete, wurde feierlich verkündet, dass das Hula-Reservat als erstes Gebiet unter dieses Gesetz fallen sollte.

Doch als die Menschen die Ernennung zum Naturschutzgebiet feierten, war die Natur ringsum keineswegs in Feierlaune. Sie darbte vielmehr vor sich hin, und auch die feierliche Ernennung trug nicht zu ihrer Regeneration bei. Anders als andere Naturschutzgebiete ist das Hula-Reservat künstlich.

Der Sumpf war nicht einfach erhalten geblieben, sondern man hatte Erdwälle geschaffen, die das fließende Wasser zu einem künstlichen See aufstauen sollten. Das funktionierte nicht wie gedacht, Pflanzen und Tiere der Gegend starben aus. Über die Jahre unternahm man verschiedene Versuche zur Wiederbelebung des Naturschutzgebiets, die jedoch ebenfalls misslangen. Auf diese Weise verloren wir zum Beispiel den Seeadler, einen wunderschönen Greifvogel, der längst nicht mehr über die Hula-Ebene – und auch sonst nirgendwo in Israel – fliegt. Genauso dahin ist der Afrikanische Schlangenhalsvogel, ein prächtiger Wasservogel, sowie die Hula-Brasse, eine für Israel endemische Karpfenart, die in der Gegend verbreitet war und nun nicht mehr existiert, und daneben viele andere Pflanzen- und Tierarten.

Doch nicht nur Pflanzen und Tiere sind für immer verloren, wie von Zahavi und Alon vorausgesagt. Auch die Torferde, jener Boden unter dem Sumpf, wollte den Planern nicht gehorchen – sich nämlich keineswegs in das erhoffte fruchtbare Ackerland verwandeln. Im Gegenteil: Durch die Freilegung wurde der Stickstoff aus dem Boden in den See Genezareth geschwemmt, wo er den Fischen und der Trinkwasserqualität schadete. Der unfruchtbare Boden beließ weite Gebiete, die für die Landwirtschaft vorgesehen gewesen waren, brach und verlassen, denn die Landwirte wollten diese Böden nicht bestellen, und die Natur konnte sie nicht zurückerobern. Zu allem Übel neigt der fiese Torfboden auch noch dazu, mit dem Wind in andere – nahe und ferne – Gegenden zu wandern, wo er sich leicht entzündet und anhaltende Brände auslöst.

In den 1990er Jahren war schon allen klar, dass die Trockenlegung ein Riesenfehler gewesen war und dass auch der kleine künstliche See, in den das verseuchte Wasser aus den Fischteichen der Gegend floss, nur theoretisch »Naturschutzgebiet« genannt wurde und den Fehler nicht ausräumen konnte. Nun begann man, nach und nach weitere Gebiete zu fluten, in dem Bemühen, die natürliche Uhr zurückzudrehen. Das gelang, die Natur eroberte sich Stück für Stück die Gegend zurück. Der aufregendste Moment in der Geschichte des Hula-Gebiets gehört einer kleinen heimischen Froschart. Am 15. November 2011 machte ein Mitarbeiter der israelischen Park- und Naturbehörde, die für die Naturschutzgebiete und Nationalparks in Israel zuständig ist, seinen gewohnten Rundgang durch das Hula-Reservat, als er plötzlich ein Froschweibchen aus der Art Schwarzbäuchiger Scheibenzüngler erblickte. Wie großartig, eine Tierart wiederzuentdecken, die offiziell für ausgestorben erklärt worden war und auf der traurigen Liste der zehn seltensten Amphibienarten rangierte.

Doch bei aller Freude über die Entdeckung des kleinen Scheibenzünglers dreht sich das große Drama der Hula-Ebene zweifellos um eine andere Tierart – groß, prächtig und beschwingt. Gemeint sind die Kraniche, wunderschöne, große Zugvögel, die alle in ihren Bann ziehen, die ihr majestätisches Gehabe beobachten. Heute landet ein Zehntel der Weltpopulation der Kraniche Jahr für Jahr am Hula-See und ruht sich hier einige Wochen lang aus. Dieser Anblick ist eines der fantastischsten Bilder weltweit. Nicht umsonst erklärte ein Expertenteam aus aller Welt den See zu einem der zehn besten Orte zum Beobachten und Fotografieren von Tieren, wie in der Zeitschrift *BBC Wildlife* zu lesen war.

Auch die Geschichte hinter der Ankunft von Abertausenden Kranichen am Hula-See ist hübsch und macht Hoffnung für Naturfreunde in aller Welt, gerade weil sie untypisch für das sonstige Handeln der Israelis ist. Jedes Jahr kreuzen eine Milliarde Zugvögel den Luftraum Israels, darunter auch die

Kraniche. Im Herbst fliegen 500 000 Vögel vom kühlen Europa über diese Landbrücke ins warme Afrika, und im Frühjahr kehren sie auf demselben Weg zurück. Das macht Israel zu einem wichtigen Knotenpunkt des Vogelflugs und die Vogelbeobachtung zum beliebten Hobby.

1989 zählte man am Himmel über der Hula-Ebene 1100 Kraniche auf dem Zug nach Süden. Unabhängig davon erkannten Landwirte in den 1990er Jahren, dass die dortige Torferde für Erdnüsse günstiger war als für Baumwolle, und gingen zum Erdnussanbau über. Zu ihrem Leidwesen mussten sie jedoch feststellen, dass Erdnüsse zu den Lieblingsspeisen durchziehender Kraniche gehören, weshalb man 1999 bereits an die 10 000 Kraniche zählte, die auf ihrem Zug in der Hula-Ebene Halt machten und sich an den Erdnüssen gütlich taten, die die Bauern so mühsam angebaut hatten.

Und nun geschah eine Art Wunder: Israelische Umweltschützer und Landwirte aus Obergaliläa fanden sich an einem runden Tisch zusammen, um einen für alle Seiten annehmbaren Kompromiss zu finden. Es war ein Wunder, weil runde Tische keine gängige Form der Problemlösung in Israel sind, wo Entscheidungen zumeist von einem Gremium gefällt werden. Auch das Ergebnis dieser Tischrunden war ein Wunder für die Vogelliebhaber, die Vögel selbst und für die Natur im Allgemeinen: Es heißt »Natur- und Vogelpark Agamon HaHula«.

In der Vogelzugsaison verstreut ein spezieller Traktor täglich Mais, Weizen, Erbsen, Kichererbsen und/oder Kartoffeln rings um den Agamon HaHula, um die Kraniche dorthin zu locken und von den Äckern fernzuhalten. Der Erfolg ist schwindelerregend. Im vergangenen Winter zählte man am Hula-See an die 40 000 Kraniche, die dort Halt machten, um sich auszuruhen und für den Weg nach Äthiopien zu stärken. Das sind 40 000 Vögel, die der israelischen Landwirtschaft keinen Schaden zufügen, dafür aber den Tourismus fördern, da eine halbe Million Besucher alljährlich in den Natur- und Vogelpark kommen, um sie zu sehen. Man kann die Vögel aus speziellen getarnten Wagen oder Unterständen beobachten, und kürzlich wurde ein großes, schönes Besucherzentrum eingeweiht.

Der Park hat sich zu einer der weltweit wichtigsten Vogelbeobachtungsstationen entwickelt, er tut den Vögeln wie den Menschen gut. Er lehrt uns alle, wie man in nur vier Jahrzehnten vom Narrativ der Eroberung und Bändigung der Natur zum Narrativ ihrer Rettung und Heilung wechseln kann. Und wenn der Schwarzbäuchige Scheibenzüngler eine schwache Entschuldigung von uns Menschen bei der Natur darstellte, dann sind 40 000 Kraniche, die auf unsere ausdrückliche Einladung hier landen, schon ein aktives Bemühen, unsere Sünde zu sühnen.

Aus dem Hebräischen von Ruth Achlama

Kraniche im Agamon-HaHula-Park

IRUS BRAVERMAN
DER JÜDISCHE NATIONALFONDS, BÄUME UND ÖKO-ZIONISMUS™

Bäume gehören ins Reich der Natur, das kaum je mit den Menschen und ihren Machtspielen in Verbindung gebracht wird. Der vorliegende Beitrag erörtert in Kürze die Entwicklung, in deren Verlauf eine natürliche Einheit – hier die Kiefer – schließlich die zionistische Ideologie verkörperte und beförderte. Für Israel ist die Kiefer fast gleichbedeutend mit dem Jüdischen Nationalfonds (JNF). Nach seiner Gründung auf dem Fünften Zionistenkongress 1901 in Basel übernahm der JNF eine doppelte Aufgabe: Zum einen erwarb und verteilte er als zentrale Agentur Böden für das jüdische Volk, zum anderen wurde er später vom Staat Israel offiziell mit der Aufforstung des Landes betraut. Trotz wachsender Kritik an JNF-Praktiken, die manche für diskriminierend oder gar rassistisch halten, besteht die Verquickung beider Aufgaben bis heute.

Im 20. Jahrhundert hat der JNF über 240 Millionen Bäume auf einer Fläche von 920000 Dunam (92000 Hektar) gepflanzt. Statt diesen massiven Aufforstungseinsatz zu zentralisieren, nutzte der JNF ihn dazu, Netzwerke aufzubauen und langfristig auf Verwurzelung und Entwurzelung in Israel/Palästina hinzuwirken. Diese Grundkonzeption machte die ökologische Mission des JNF höchst attraktiv. Bäume – und speziell Kiefern –, die als natürlich und friedlich empfunden wurden, dienten als Waffen zur Enteignung und Vertreibung von Palästinensern, um die jüdische Vorherrschaft über die Landschaft zu sichern.[1]

Kurz nach meiner Geburt erhielten meine Eltern eine Urkunde des JNF darüber, dass der JNF, gemeinsam mit der Stadt Jerusalem, einen Baum im Jerusalemer Friedenswald für mich gepflanzt hatte. Wörtlich besagt die Urkunde: »Ein Baum wurde gepflanzt im Namen des Neugeborenen im Friedenswald in Jerusalem. Wir wünschen euch das Glück, die beiden froh und leicht heranwachsen zu sehen.«

Diese scheinbar simple Urkunde verdeutlicht das Zusammenspiel mehrerer Punkte in der Anpflanzungsmission des JNF. Zunächst schafft sie eine Relation zwischen dem Einzelnen und der Nation, verbunden durch Geburt und Erneuerung. Solche Vorstellungen arbeiten auf verschiedenen Ebenen, bezogen auf das neugeborene Baby, den neuen Baum, der die wiedergeborene Landschaft erlöst und die Erneuerung des jüdischen Kollektivs in seiner nationalen und kolonialen Identität. Die Urkunde bekundet die Wechselbeziehung zwischen Menschen und Bäumen durch die Verwendung des Verbs »wachsen« für das neugeborene Baby und den neugepflanzten Baum. In anderen Worten: Das Schicksal des Baums und das Schicksal des Neugeborenen sind verbunden durch die Widmung füreinander.

Dies funktioniert auch in breiterem Rahmen. Viele Juden in aller Welt, vor allem Kinder, hören durch die Aufforstungskampagnen des JNF von Israel. Der JNF benutzt nicht nur hervorragende Fundraising-Methoden, sondern befördert auch die zionistische Erziehung – beides verbunden in seinem wichtigsten Instrument: der blauen Sammelbüchse.

Diese blaue Büchse – eine handliche Blechdose zum Spendensammeln – avancierte zum Sinnbild der JNF-Aufforstungskampagne und des zionistischen Aufbauwerks im Ganzen und bildet Teil des JNF-Logos. Sie zeigt eine symbolische Landkarte von Israel als grenzenlose, weiße Fläche, in effektvollem Kontrast zum blauen Mittelmeer. So entsteht ein Bild von Natur und Nation in Blau-Weiß, den israelischen Landesfarben. Diese Israelkarte hat Eingang in Millionen jüdischer Haushalte in aller Welt gefunden und dabei die gedachte Landschaft mit der gedachten Gemeinschaft verknüpft. Laut JNF ist die blaue Büchse »ein wichtiges pädagogisches Mittel, um das zionistische Wort zu verbreiten und das Band des jüdischen Volks zu seinem alten Heimatland zu stärken«.[2] Diese Verbindung wird durch den Akt des Spendens hergestellt.[3]

Der enorme Erfolg der Baumspende-Aktionen des JNF in den jüdischen Diasporagemeinden hängt mit der physischen Natur von Bäumen zusammen. Die psychischen und mythischen Wechselbeziehungen zwischen Nation und Verwurzelung schaffen eine innige Verbindung zwischen dem jüdischen Spender und seinem israelischen Baum. In israelische Erde gepflanzt, füllt der Baum die Lücke des fern in der Diaspora befindlichen jüdischen Körpers durch einen lebendigen Körper, fest verwurzelt in der Erde des Heiligen Landes. Der Baum fungiert, anders ausgedrückt, als »stellvertretender Immigrant«.[4] Jeder Baum steht für einen bestimmten Juden, und gemeinsam bilden sie einen ganzen Wald, stellvertretend für das jüdische Kollektiv, das durch seine Entwurzelung aus der realen Landschaft nun doch doppelt Wurzeln schlägt. Der Erfolg dieser Baumspende-Techniken – die Baum-/Geburtsurkunde, die blaue Büchse und weitere Gedenksachen – verdeutlicht den starken Zusammenhang von Natur und Macht, hier zwischen Aufforstung und Zionismus als eine Form von Siedlerkolonialismus.

Israelreisende können jedoch nicht nur Geld für eine Baumpflanzung spenden, sondern auch »mit eigenen Händen einen Baum in Israels Erde pflanzen«.[5] Ein JNF-Vorstandsmitglied aus Toronto erzählte mir dementsprechend: »Bäume pflanzen mit meinen Söhnen in Israel war ein sehr, sehr emotionales Erlebnis für uns.« Und: »Ich weiß nicht genau, wie das funktioniert ... Ich weiß bloß, dass es nur gut sein kann, Bäume zu pflanzen.« Die positive Kraft, die dem Pflanzen als sinnlicher Handlung zugeschrieben wird, wächst noch aufgrund der Überzeugung, dass Bäume nur gut für die Umwelt sein können. Diese Auffassung wiederholten alle meine jüdischen Gesprächspartner aus Nordamerika, zutiefst überzeugt, dass die Arbeit des JNF nicht nur neutral und unpolitisch, sondern auch ökologisch sei.

1918 pflanzte der JNF seine ersten Aleppo- oder Jerusalem-Kiefer (*Pinus halepensis*). 1934 waren bereits 98 Prozent der vom JNF gepflanzten Bäume Kiefern. Obwohl sich die Erkenntnis durchsetzt, dass Biodiversität die Grundlage nachhaltiger Aufforstung bildet, reine Kiefernwälder jedoch verheerenden Schädlingsattacken ausgesetzt sind und ihr leicht entzündliches Harz starke Brände beschleunigt, stehen Kiefern immer noch weitgehend für die Anpflanzungsarbeit des JNF.[6]

Die Bevorzugung der Kiefer hat mehrere Gründe. Erstens wächst sie schnell und bereitet den Boden für andere Pflanzenarten. Deshalb bezeichnen einige Botaniker die Kiefer als »Pionierart«. In kürzester Zeit wirkt sie nicht angepflanzt, sondern natürlich. Ein scheinbar wilder Kiefernwald erobert die Landschaft, als wäre er immer schon da gewesen. Zweitens schaffen Kiefern eine europäisch anmutende Landschaft: Sie vermitteln zwischen dem, was das ex-europäische Auge ersehnt, und dem, was es sieht. Jüdische Einwanderer aus Europa (Aschkenasen) in Palästina konnten sich keine bessere Landschaft wünschen, um sich an ihr verlorenes Heimatland zu erinnern. Trotz aller Negierung des jüdischen Diasporalebens in Europa stärkt der Aufbau des jüdischen Heimatlandes durch Kiefernwälder die alte europäische Identität. In den Jahrhunderten der Verbannung war Europa das reale und Zion das imaginäre Land. Jetzt ist Israel das reale Heimatland, und das verlorene Land in Europa ist zum Gegenstand von Nostalgie geworden. Der Wunsch, Wälder anzulegen und zu schützen, ist gewiss nicht neu: Er wurde von Kolonialisten anderswo umgesetzt – und von den Briten in Palästina.[7]

Ursprünglich galt das Anpflanzen von Bäumen nicht an sich als ökologisch wertvoll, sondern als eine Methode, ungenutzten Boden für spätere jüdische Ansiedlung festzuhalten. Der Chefinspektor des JNF erklärte in unserem Interview: »Sobald Entwicklung einsetzen soll, wird der Staat die Bäume einfach abholzen lassen.«[8] Diese Aussage umreißt die Funktion des JNF als langen Arm der israelischen Bodenverwaltung: Der JNF ist für die Erhaltung der jüdischen Identität des Landes verantwortlich.

Außerdem liefern die JNF-Wälder eine grüne Decke für ehemalige palästinensische Dörfer. Von den 418 im Krieg von 1948 entvölkerten und zerstörten Dörfern liegen 182 unter heutigen Wäldern, Parks und Naturschutzgebieten.[9] JNF-Wälder wurden über 86 solche Dörfer gepflanzt.[10] Die Zahlen sprechen für sich.

Mit dem organisierten Akt jüdischer Verwurzelung, zumeist durch Kiefernwälder, in der israelisch/palästinensischen Landschaft werden Erinnerungen und Landschaften aktiv ausgelöscht, die der palästinensischen Kultur und Tradition angehören. Es geht um die gewaltsame Entwurzelung palästinensischer Bäume und Häuser.[11] Diese beiden Vorgänge – Verwurzeln und Entwurzeln – sind praktisch die zwei Seiten ein und derselben Medaille. Die Entwurzelung wird anschaulich in einem Augenzeugenbericht von 1967 über das Geschehen in den drei palästinensischen Dörfern Imwas, Yalu und Beit Nuba.[12] Der israelische Reservesoldat Amos Kenan schrieb: »Jedes Haus [in Beit Nuba] steht in einem Obstgarten mit Oliven, Aprikosen und Weinreben, es gibt auch Zypressen und andere Bäume, die wegen ihrer Schönheit und des Schattens, den sie spenden, angepflanzt werden … Mit einem Schwung des Bulldozers wurden die Zypressen und Olivenbäume entwurzelt.«[13]

Die Entwurzelung palästinensischer Bäume (speziell von Ölbäumen) hat dem jüdischen Projekt der Baumverwurzelung physisch und symbolisch den Weg bereitet.[14]

Der JNF begründet seine Aufforstungsarbeiten zunehmend mit Umwelterwägungen: »Bäume pflanzen verhindert Bodenerosion, schützt das Erdreich und vermindert den Ausstoß von Kohlenstoffdioxyd.«[15] Die ökologische Agenda des JNF dient daher dazu, andere Tätigkeiten zu kaschieren oder sogar durch »Greenwashing« reinzuwaschen,[16] speziell seine massiven Bodenkäufe ausschließlich für das jüdische Volk. Trotz seiner Stellung als halbstaatliches Gremium statuiert der JNF unverblümt seine alleinige Verantwortung gegenüber dem jüdischen Volk. Hier ein Zitat aus einer seiner Aufgabendefinitionen: Der »Jüdische Nationalfonds ist der Schutzherr des Landes Israel für seine Eigentümer – jüdische Menschen überall.«[17] Im Februar 2021 beschloss die KKL-JNF-Leitung offiziell, den Erwerb und die Entwicklung von Böden für jüdische Ansiedlung auf die Zone C des Westjordanlands auszudehnen. Diese einschneidende Änderung seiner Politik hat international scharfe Kritik ausgelöst.[18]

Die ökologische Seite der JNF-Arbeit schlägt sich in der wachsenden »ökozionistischen« Bewegung nieder, die in der Erhaltung und Verjüngung der Umwelt eine wichtige Aufgabe bei der Etablierung Israels als Nation des jüdischen Volkes sieht. Während der Ökozionismus stark vom ökologischen Diskurs dezentralisierter Kibbuzim beeinflusst wurde, hat sich der JNF auch von zentralisierteren Einflüssen inspirieren lassen.[19] Die nicht gewinnorientierte Organisation *Aytzim* (wörtlich Bäume – ehemals Green Zionist Alliance) hat sich bei der Zionistischen Weltorganisation für eine stärker ökologisch geprägte Einstellung eingesetzt, wollte den JNF »grüner« machen und ihn veranlassen, »eine nachhaltige Aufforstung zur höchsten Priorität zu erklären«.[20] Der JNF hat Diskurse über Öko-Zionismus auch in sein Lehrmaterial aufgenommen und sich den Begriff »Eco-Zionism« sogar als Warenzeichen schützen lassen. Neuere JNF-Materialien definieren Eco-Zionism als »Liebe zur Natur verbunden mit der Liebe für ein bestimmtes Land, Israel« und »dem Schutz der Erde und des Judentums; die beiden sind miteinander verflochten«.[21]

Der israelische Staatskontrolleur kritisierte in seinem Jahresbericht 2014 jedoch die israelische Nature and Parks Authority, weil sie den JNF nicht daran gehindert hatte, geschützte Naturschätze zu zerstören.[22] Der Staatskontrolleur erwähnte ausdrücklich die Zerstörung, die massive Aufforstungspraktiken des JNF der letzten Jahre in der nördlichen Negev/Naqab-Region und dem empfindlichen Ökosystem im Süden des Hebroner Berglands angerichtet hatten.[23]

Die fortdauernde Nutzung von Bäumen zum Bodenerwerb, die nunmehr als Eco-Zionism™ firmiert, repräsentiert eine Form von »Greengrabbing«, Landnahme – der Aneignung und Kommodifizierung und der Verwertung für Umweltzwecke[24] –, hier im Dienste Israels als jüdischem Staat. Die Bäume selbst werden kommerzialisiert durch ihren Erwerb seitens der internationalen jüdischen Gemeinschaft und sind außerdem wertvoll für die Wahrung von Land für Entwicklungs- und Freizeitzwecke von Juden. Dieses Vorgehen legitimiert und begleitet die eingefahrene Enteignung der Palästinenser hinsichtlich ihres Bodenbesitzes.

Dank einer Ironie des Schicksals wurde 2021, zum 120. Jubiläums des JNF, der Olivenbaum zum Nationalbaum Israels erkoren.[25] Die Kiefer schaffte es nicht einmal auf die Liste der sieben Finalisten. Ob der JNF den Palästinensern damit einen Ölzweig reicht oder ob dies ein weiterer Akt der Enteignung ist, diesmal in Bezug auf das eigentliche Symbol des palästinensischen Widerstands,[26] mögen die Leser selbst entscheiden.

Aus dem Hebräischen von Ruth Achlama

Dieser Text fußt weitgehend auf dem Buch *Planted Flags: Trees, Land and Law in Israel/Palestine*, veröffentlicht 2009 bei Cambridge University Press. Die Autorin dankt Maria Piekarska für den Hinweis auf den Begriff »Eco-Zionism™« und Gregory Lebens-Higgins für seine redaktionelle Hilfe.

1 Siehe z. B. Braverman, Irus. 2009. Planted Flags: *Trees, Land, and Law in Israel/Palestine*, Cambridge University Press; Braverman, Irus. 2009. »Planting the Promised Landscape: Zionism, Nature, and Resistance in Israel/Palestine«, *Natural Resources Journal* 49 (2), 317-361; Cohen, Shaul E. 1993. *The Politics of Planting: Israeli-Palestinian Competition for Control of Land in the Jerusalem Periphery*, Chicago und London, University of Chicago Press; Lehn, Walter. 1974. »The Jewish National Fund«, *Journal of Palestine Studies* 3 (4), 74-96; Davis, Uri und Walter Lehn. 1978. »And the Fund Still Lives: The Role of the Jewish National Fund in the Determination of Israel's Land Policies«, *Journal of Palestine Studies* 7 (4), 3-33.

2 KKL-JNF. »The Blue Box«, https://www.kkl-jnf.org/about-kkl-jnf/the-blue-box/.

3 Siehe auch Bar-Gal, Yoram. 2003. »The Blue Box and JNF Propaganda Maps, 1930-1947«, *Israel Studies* 8 (1), 1.

4 Zerubavel, Yael. 1996. »The Forest as a National Icon: Literature, Politics, and the Archeology of Memory«, *Israel Studies* 1 (1), 60-99, 62.

5 JNF. »Harvey Hertz Ceremonial Tree Planting Center«, https://www.jnf.org/visit-israel/day-tours/harvey-hertz-ceremonial-tree-planting-center.

6 Tal, Alon. 2002. *Pollution in a Promised Land: An Environmental History of Israel*, Berkeley, University of California Press.

7 Schorr, David. 2014. »Forest Law in Mandate Palestine: Colonial Conservation in a Unique Context«, in Uwe Lübken und Frank Uekötter (Hrsg.), *Managing the Unknown: Essays on Environmental Ignorance*, 71-90, Berghahn Books. Siehe auch Tal, *Pollution*.

8 In einem persönlichen Interview am 8. Dezember 2005.

9 Kadman, Noga. 2015. *Erased from Space and Consciousness: Israel and the Depopulated Palestinian Villages of 1948*, Bloomington, Indiana University Press.

10 62 der 86 Dörfer wurden auf JNF-Böden bepflanzt, die übrigen 24 mit JNF-Aufforstung oder sonstiger Beteiligung auf Böden der Israel Nature and Parks Authority (INPA). Kadman, S. 112-113.

11 Braverman, Irus. 2009. »Uprooting Identities: The Regulation of Olive Trees in the Occupied West Bank«, *Political and Legal Anthropology Review* 32 (2), 237-264; Braverman, Irus. 2007. »Powers of Illegality: House Demolitions and Resistance in East Jerusalem«, *Law and Social Inquiry* 32 (2), 333-372.

12 Die Dörfer lagen früher in oder am »Canada Park«, angepflanzt mit Geldern des JNF Canada. Siehe auch Walberg, Eric. 2017. *The Canada-Israel Nexus*, Atlanta, GA, Clarity Press.

13 Davis, Uri. 2004. »Apartheid Israel and the Jewish National Fund of Canada: The Story of ›Imwas‹ Yalu, Beit Nuba and Canada Park«, Ansprache an der Carleton University, Ottawa, 24. September.

14 Braverman, Planted Flags.

15 KKL-JNF. »Managing and Studying Forests at KKL-JFN«, https://www.kkl-jnf.org/forestry-and-ecology/afforestation-in-israel/managing-forests.aspx.

16 Der Begriff »Greenwashing« (Grünfärberei) bezieht sich darauf, wie Unternehmen auf die Natur Bezug nehmen, um ihrem Handeln einen umweltfreundlichen Anstrich zu verleihen und andere Aspekte zu kaschieren. Siehe z. B. Beder, Sharon. 2001. »Greenwash« in *International Encyclopedia of Environmental Politics*, hrsg. v. John Barry und E. Gene Frankland, Routledge.

17 JNF. »Together«, Frühjahr 2006; siehe auch Jewish National Fund, http://support.jnf.org/site/PageServer?pagename=JNFPresentsIts FirstCentury.

18 *Haaretz*. 2021. »Jewish National Fund Aims to Officially Work to Expand West Bank Settlements«, 21. Februar.

19 Raymond Russel u.a. 2013. The Renewal of the Kibbutz: From Reform to Transformation, Rutgers University Press.

20 »Green Zionist Alliance: The Grassroots Campaign for a Sustainable Israel«, https://aytzim.org/greenisrael.

21 »Eco-ZionismTM: The Connections Are Natural«, https://jnf.blob.core.windows.net/images/docs/default-source/pdfs/program-ideas-6.pdf?sfvrsn=ceb7feec_2.

22 Siehe den Jahresbericht des Staatskontrolleurs über die Nature Reserves and National Parks Authority für 2014 (hebr.).

23 Ebenda, S. 1516.

24 Zu den frühen Veröffentlichungen auf dem wachsenden Forschungsgebiet Greengrabbing gehört James Fairhead u. a. 2012. »Green Grabbing: A New Appropriation of Nature?«, *Journal of Peasant Studies* 39 (2), 237-261.

25 KKL-JNF. 2021. »Israel Votes: The Olive Tree Wins KKL-JNF National Tree Competition«, 31. Januar.

26 Braverman, »Uprooting Identities«. Siehe auch Meneley, Anne. 2008. »Time in a Bottle: The Uneasy Circulation of Palestinian Olive Oil«, *Middle East Report* 248, 18-23.

NA'AMA SHEFFI UND ANAT FIRST
HEIMAT AUF ISRAELISCHEN BANKNOTEN UND MÜNZEN

Jetzt, am Anfang des dritten Jahrzehnts des 21. Jahrhunderts, geht man in der Forschung davon aus, dass Bargeld irgendwann aus der Welt verschwinden könnte. Vorerst jedoch dienen Banknoten und Münzen dem Ausdruck nationalen Stolzes vieler Staaten und ihrer Bürger. Neben den Konterfeis führender Politiker und großer Denker zeigen die Zahlungsmittel oft typische Bilder heimischer Landschaft und Natur. Der Ausschuss für Banknoten und Münzen der Israelischen Zentralbank (Bank of Israel) erkannte die Bedeutung solcher Darstellungen bereits bei seinem ersten Zusammentreten im Herbst 1955. Seine Mitglieder verfolgten die Absicht, das dank des zionistischen Aufbauwerks »erlöste« Land der Väter abzubilden, als eines, »in dem Milch und Honig fließen« (Exodus 3:8), und dies nicht nur als das alte Land der Bibel, sondern auch als reales Territorium.

Obwohl den Ausschussmitgliedern Tierbilder auf Banknoten vertraut waren, denn »diesen Weg hat die Mandatsregierung beschritten und haben auch wir eingeschlagen«, fanden einige: »Das ist ein wenig langweilig. Hätten wir landestypische Tiere wie den Elefanten in Siam und in Burma, den Tiger in Indien, das Känguru und den Schwan in Australien, könnten wir ein sehr schönes Thema finden« (Protokoll, 17. November 1955: 4). Trotzdem schlugen sie heimische Tiere vor, z.B. Löwen, die einst im Land Israel lebten und die am meisten genannten Tiere in der Bibel sind, wo sie jüdische Stärke und Souveränität symbolisieren. Tatsächlich betrafen alle eingebrachten Vorschläge Tiere, die in der hebräischen Bibel vorkamen und/oder auf archäologischen Funden abgebildet waren, und alle wurden stürmisch erörtert. Obwohl einige Ausschussmitglieder Löwendarstellungen tatsächlich für abgedroschen hielten, entschied man sich schließlich für den Löwen des Siegels »Schema Abd Jerobeam«, das bei Ausgrabungen in Meggido gefunden worden war. Die Wahl eines Symbols jüdischer Souveränität und Tradition für den jungen Staat, dessen Legitimität unter seinen Bürgern immer noch lebhaft diskutiert wurde, erschien selbstverständlich. Andere Tiere, die mit der jüdischen Tradition verbunden sind und in Israel öffentlich diskutiert wurden, blieben außen vor: Die Symbole von Frieden und Brüderlichkeit – der Wolf, der mit dem Lamm wohnt, der Panther, der beim Böcklein liegt, oder die Taube. Auch andere biblische Tiere, die beispielsweise Briefmarkenserien schmückten, schafften es niemals auf Banknoten.

Die Flora hingegen erhielt einen wichtigen Platz auf israelischen Banknoten und Münzen. Von Anfang an trugen israelische Münzen Abbilder heimischer Bodenerträge. Die erste Münze des Staates Israel, 50 Prutot (1949), zeigte ein Traubenbüschel, inspiriert durch eine Münze aus der Zeit Bar Kochbas. Eine Dattelpalme, ebenfalls ursprünglich auf einer Münze aus der Bar-Kochba-Zeit abgebildet, schmückte einige moderne israelische Münzen: 100 Prutot (1949, 1955), 10 Agorot (1960) und eine Agora (1980). Eine Palme mit Dattelbüscheln und zwei Bastkörben voll Datteln darunter, übernommen von einer alten Münze aus dem Jahr 69 u. Z. (aus dem jüdischen Krieg gegen die Römer vor der Zerstörung des Zweiten Tempels), zierte eine 10-Neue-Schekel-Münze (1995). Der Granatapfel, ebenfalls von einer Münze aus dem jüdischen Krieg gegen die Römer stammend, erschien auf der 500-Prutot-Münze (1952) und erneut auf der Münze im Wert von einem Israel-Pfund (1963) sowie auf 10 Agorot (1980). Drei Granatäpfel, kopiert vom Türsturz der antiken Synagoge in Kapernaum, schmückte eine 5-Agurot-Münze (1960). Kornähren von einer weiteren Münze aus dem jüdischen Krieg gegen die Römer fanden sich auf einer 250-Prutot-Münze (1950) sowie später auf einer Münze im Wert von einer Agora (1960), die einer Münze von Agrippas I. nachempfunden war (37-44 u. Z.). Eine Lilienblüte, von einer Münze des Königreichs Juda aus der Zeit der Perserherrschaft (6.-4. Jahrhundert v. u. Z.), ziert die Ein-Schekel-Münze (1985). Agrarprodukte aus alten Zeiten betonen die Zuversicht, dass im Land wieder Milch und Honig fließen werden wie einst. Die Übertragung alter landwirtschaftlicher Traditionen in den Alltag des neuen Staates verwirklicht den Gedanken der selektiven Überlieferung nach Raymond Williams – Elemente aus Vergangenheit und Gegenwart einer Nation verbinden sich zu ihrer ersehnten Zukunft – und unterstreicht außerdem die Veränderung der alten Tradition durch den Zionismus, der die agrarischen Elemente stärkte und die religiösen schwächte.

Die Ausschussmitglieder meinten, das Land Israel habe durchaus »typische Pflanzen, sowohl Bäume als Blumen [...] Ich könnte mir eine Serie mit Olivenbaum, Weinstock, Zypresse, Sykomore, Johannisbrotbaum vorstellen« (Protokoll, 20. Januar 1956: 4). Tatsächlich enthalten die ersten beiden Banknotenserien von 1959, die der Landschaften und die der Personen, sowie die aktuelle Serie der Dichter (2014) eine Fülle von Landschaftsmotiven. In andere Serien wurden sporadisch Pflanzenbilder aufgenommen. Die ideologische Bedeutung der Botanik kam bei einer 1962 geführten Diskussion über das Landschaftsbild auf dem 50-Pfund-Schein (1972) zum Ausdruck. Die Debatte drehte sich um einen Strauch für die Rückseite des Geldscheins, dessen Vorderseite ein Porträt des ersten Staatspräsidenten, Chaim Weizmann, und dessen Rückseite ein Bild des neuen Knesset-Gebäudes tragen sollte. Um eine Leerfläche zu vermeiden, beschloss man, eine Pflanze unter dem Parlamentsgebäude einzufügen. Der Dornstrauch, den der Illustrator ausgesucht hatte, sagte den Ausschussmitgliedern nicht recht zu. Auch der Ersatzvorschlag wurde mit Zurückhaltung aufgenommen. Eines der Mitglieder erklärte: »Der Baum auf der Vorderseite (tatsächlich auf der Rückseite) des Scheins ist einerseits nicht repräsentativ für israelische Pflanzen und könnte andererseits als Tannenbaum, wie ihn die Christen kennen, missverstanden werden.« Ein anderes Mitglied schlug eine Zypresse vor oder eine Kiefer, den Baum, den der Jüdischen Nationalfonds (JNF) bei seiner künstlichen Wiederaufforstung am häufigsten pflanzte. Kurz tendierten die Ausschussmitglieder zur Zypresse, machten dann jedoch einen Rückzieher, denn »die Zypresse steht den Christen näher als der Strauch« (Protokoll, 25. September 1962: 3).

Zwei dominante Bäume finden sich auf Banknoten: der Olivenbaum und die Dattelpalme. Der Ölbaum wurde mindestens viermal dargestellt: auf dem 500-Prutot-Schein (1955), auf dem 10-Pfund-Schein mit einer Abbildung von Chaim Bialiks Obstgarten (1970), auf dem 50-Pfund-Schein (1972) und auf der Rückseite des 100-Schekel-Scheins (1980). Die Olivenzweige aus dem Staatswappen erscheinen auf der Rückseite des 100-Pfund-Scheins (1972), und die gewundenen Zweige eines Ölbaums bilden einen siebenarmigen Leuchter auf der Rückseite des 10 000-Schekel-Scheins (1984). Der Olivenbaum spielt eine besondere Rolle bei der selektiven Überlieferung zur territorialen Ideologie. Seit Beginn des 20. Jahrhunderts wurde die Aufforstung des Landes Israel betrieben, Hauptakteur dabei war der Jüdische

Nationalfonds. Er wollte dem Land Israel einen bewaldeten, europäischen Anstrich geben. Durch diese Aufforstungsarbeiten wurde der JNF ein starker Arbeitgeber, der auch die Allgemeinheit ansprach, z.B. bei den Pflanzungen von Baumsetzlingen am Neujahrsfest der Bäume, einem ursprünglich zweitrangigen Feiertag im jüdischen Kalender, der seit den 1920er Jahren zu einem beliebten israelisch-zionistischen Festtag geworden ist. Bis heute wurden in Israel über 240 Millionen Bäume zur Aufforstung gepflanzt, und eine Baumart – die Aleppo-Kiefer – avancierte zum häufigsten Baum im Land. Doch trotz ihrer großen Verbreitung fiel die Kiefer bei den Vorschlägen für die Banknoten im Ausschuss durch, unterlag immer wieder dem Olivenbaum, und das nicht von ungefähr.

Bei der Staatsgründung 1948 entschied sich der Ausschuss für Wappen und Flagge bei der Gestaltung des Staatswappens für eine Menora (siebenarmiger Leuchter), flankiert von Olivenzweigen. Auch in den städtischen Ausschüssen für Straßenbenennung obsiegte der Ölbaum und avancierte zum häufigsten Straßennamen im Land. Diese Vorliebe für den Olivenbaum beruht auf der Ansicht der Ausschüsse, dass dieser Baum den Ertrag der Erde symbolisiere und seine Zweige den Frieden. Pikanterweise ist der Olivenbaum jedoch auch *das* Symbol der Palästinenser in den besetzten Gebieten, dem sie große ideologische und territoriale Bedeutung beimessen. Der Kampf zwischen Palästinensern und jüdischen Siedlern um die Herrschaft in diesen Gebieten wird unter anderem durch das Anpflanzen und Ausreißen von Olivenhainen geführt, was Olivenbäume zum Symbol des nationalen Konflikts zwischen den beiden Völkern macht.

Dattelpalmen oder Palmzweige erscheinen mindestens sechsmal auf israelischen Zahlungsmitteln: auf dem 10-Pfund-

Schein (1970), dem 100-Pfund-Schein (1969), dem 100-Schekel-Schein (1980), dem 1000-Schekel-Schein (1983) und dem im Wert von 20 neuen Schekeln (2017). Die Dattelpalme symbolisiert die selektive zionistische Überlieferung, denn sie steht für die zionistische Ideologie, in dem sie den Ort der Juden – früher und heute – im Land Israel bezeichnet. Diese Bedeutung der Dattelpalme beruht auf der Bibel, die die Palme häufig zur Ortsbezeichnung benutzt, wie etwa in Jericho, »der Palmenstadt« (Deut. 34:3), oder bei der Richterin Debora, die ihren Sitz »unter der Debora-Palme« hatte (Richter 4:5). Den Baum selbst sieht man in Form von Palmzweigen über dem See Genezareth. Die Dattelpalme gehört, wie der Ölbaum, zu den »sieben Arten« von Pflanzen, mit denen das Land Israel gesegnet ist (Deut. 8:8). Palmzweige braucht man zum Bau der Laubhütte, und ein junger Palmzweig ist einer der vier Arten, die den Lulav, den Feststrauß zum Laubhüttenfest, bilden. Die Dattelpalme war schon zur Zeit des Ersten Tempels in der jüdischen Kunst präsent, symbolisierte damals wohl den Baum des Lebens. Zu Zeiten des Zweiten Tempels erscheint sie in verschiedenen Formen auf jüdischen Münzen, und auf die »Judäa-Capta-Münze« stützt sich die gängige Lehrmeinung, dass die Dattelpalme das Königreich Juda symbolisierte. Zu Zeiten der Mischna und des Talmuds wurde sie in vielen Variationen auf Zeichnungen und Reliefs in Synagogen und auf Friedhöfen dargestellt. Im Israel des 20. Jahrhunderts ließen die Künstler der Jerusalemer Bezalal-Akademie die Palme als Teil der israelischen Landschaft wiederaufleben.

Viele Jahre bevorzugte der Ausschuss für Banknoten und Münzen die aus der Bibel vertraute Flora, besonders die sogenannten »sieben Arten«: Weizen, Gerste, Rebstock, Feigenbaum, Granatapfelbaum, Olivenbaum und Dattelpalme.

»Bialiks Obstgarten« auf einer Banknote

Weizen und Gerste fanden keine eigenständige Darstellung, doch auf der 5000-Schekel-Note (1984) sieht man im Hintergrund Felder, die an die Getreideäcker der Jesreelebene erinnern. Rebstöcke und Traubenbüschel erscheinen dreimal: auf der Rückseite des 5-Pfund-Scheins (1955), auf dem 10-Pfund-Schein als Teil des von Chaim Nachman Bialik gepflanzten Obstgartens (1970) und auf der Rückseite des 500-Schekel-Scheins, dessen Vorderseite das Konterfei von Baron Rothschild trägt, der beim Erwerb von Böden für den Weinbau geholfen hatte (1982). Der Feigenbaum wurde einmal in Bialiks Obstgarten abgebildet, der Granatapfel zweimal: einmal auf dem 50-Pfund-Schein (1957) und einmal in Bialiks Obstgarten.

Die sieben Arten, die von der Fülle des Landes Israel zeugen, zierten bereits Münzen während des britischen Mandats. Weinstock, Feige und Granatapfel, die schon zu Makkabäer-Zeiten dargestellt wurden, ließen sich gut mit der zionistischen Vision vereinbaren. Im Gegensatz zu den sieben Arten, die eine Säkularisierung erfuhren und als Zeichen für die Fruchtbarkeit des alt-neuen Landes in die selektive Überlieferung eingingen, fehlen auffällig die vier Arten, die unter anderem die verschiedenen Teile der jüdischen Gesellschaft symbolisieren. Von ihnen – Myrtenzweige, Etrog, Palmzweig und Weidenzweige – taucht nur die Myrte auf und auch nur in Bialiks artenreichem Obstgarten.

Noch drei weitere Früchte wurden auf Banknoten abgebildet: Johannesbrot, Apfel und Orange. Der Johannisbrotbaum, der zwar nicht in der Bibel, aber häufig im Talmud und in der Midrasch-Literatur erwähnt wird, erscheint in Bialiks Obstgarten sowie auf dem Schein im Wert von 100 Neuen Schekeln (1986), der eine Synagoge, eine Höhle und die Landschaft des Ortes Pekiin zeigt. Nach der Legende ernährten die Früchte dieses Baums den Tannait Schimon ben Jochai und seinen Sohn während der dreizehn Jahre, in denen sie sich in dieser Höhle vor den Römern verstecken mussten. Die Entscheidung für den Apfelbaum (1955) hingegen fiel wohl weniger wegen seines botanischen Vorkommens und seines Anbaus im Norden des Landes, sondern eher in seiner Eigenschaft als Symbol für einen beliebten Brauch zum jüdischen Neujahrsfest, an dem man in Honig getauchte Apfelschnitze isst. Vielleicht beruhte die Wahl auch auf den europäischen Vorstellungen vom verlorenen Paradies und dem Baum der Erkenntnis, der zumeist als Apfelbaum dargestellt wird.

Orangen sind dreimal auf Geldscheinen abgebildet: ein Korb Orangen auf einem Halb-Pfund-Schein (1959), ein Orangenhain auf 20 Neuen Schekeln (1987) und ein Orangenbaum mit seinen Früchten auf 50 Neuen Schekeln (2014). Diese Bilder zielen offensichtlich auf den modernen israelischen Staat, der die Wüste erblühen lässt und sich unter anderem durch Agrarprodukte finanziert, vor allem dem Export von Zitrusfrüchten. Die Orange wurde daher als Sinnbild für die israelische Gesellschaft ausgewählt. Der hebräische Name, *Tapus*, kommt in der Bibel nicht vor, er ist ein Akronym aus den hebräischen Anfangsbuchstaben von »goldene Äpfel auf silbernen Schalen« (Sprüche 25:11). Der Orangenanbau steht für die Neuansiedlung im Land Israel, wo Orangenhaine alsbald zur Landschaft gehörten. Hier sei angemerkt, dass der Orangenbaum, genau wieder Olivenbaum, eine Symbol-Umkehr erfahren hat: Die Orange, einst ein Symbol Palästinas, wandelte sich zum jüdisch-israelischen Symbol. Der Anbau von Zitrusfrüchten, lange der Hauptexportzweig Israels, avancierte im israelischen Bewusstsein zum exklusiv zionistischen Pionierwerk. Dabei stellten Zitrusfrüchte bis 1948 den Hauptteil der palästinensischen Landwirtschaft. Doch infolge des 1948er-Krieges wurden die meisten palästinensischen Plantagenbesitzer zu Flüchtlingen oder »anwesenden Abwesenden« (Binnenflüchtlingen), die ihren Besitz nie zurückerhielten.

Blumen des Landes erschienen bereits auf der ersten Serie von Banknoten, die von der israelischen Zentralbank ausgegeben wurde, der Landschaftsserie (1955): Alpenveilchen (500 Prutot), Anemone (ein Israel-Pfund), Iris (5 Pfund), Tulpe (10 Pfund) und Oleander (50 Pfund). All diese Blumen wachsen in weiten Landesteilen. Keine von ihnen kommt in der Bibel vor, und nur zwei – Iris und Oleander – werden in der Mischna genannt, können jedoch nicht mit Sicherheit identifiziert werden. Das heißt, die Auswahl dieser Blumen steht für die Liebe zum Land und seiner Flora, für die »Erlösung der Böden« und ihrer Besiedelung und für die bei Ausflügen erworbene Landeskenntnis. Solche Wanderungen wurden von Schulen, Jugendbünden und Militäreinheiten veranstaltet, und unterwegs sang man hebräische Lieder.

Bäume, Blumen und andere Pflanzen legten nach unserer Ansicht den Grund für eine heimische Kultur, bei der Vergangenheit und Gegenwart zusammen die Zukunft gestalten. Die aus der jüdischen Geschichte bekannte Pflanzenwelt steht für die alte Kultur des Landes Israel, an die Israelis neu anknüpften, und die Blumen symbolisieren die neuzeitliche Ansiedlung und die Fruchtbarmachung der Wüste – der Inbegriff des zionistischen Aufbauwerks, das bereits Fuß gefasst hat und künftig noch tiefer verwurzeln wird.

Mit den Entscheidungen für Symbole der Flora, Fauna und Landschaft betont der Ausschuss für Banknoten und Münzen der Bank of Israel die zionistische Vision des Staates Israel. Die vorwiegend in den ersten zwei Jahrzehnten nach der Staatsgründung geführten einschlägigen Diskussionen zeigen, dass die selektive Überlieferung recht monochrom gefärbt war: Trotz der politischen Vielfalt der Ausschussmitglieder waren sie in jenen Jahren allesamt gebildete, jüdische Männer, die in der westlichen Kultur aufgewachsen waren und sich als Mitarbeiter am Aufbauwerk der alt-neuen Nation betrachteten. Die Bilder, die ihnen im Geist des europäischen Orientalismus vorschwebten, sollten nicht nur die Fruchtbarkeit des Landes Israel symbolisieren, sondern auch das Land selbst.

Aus dem Hebräischen von Ruth Achlama

URIEL KASHI

FASZINIERENDE PFLANZENVIELFALT IN ISRAEL: STRÄUCHER, KRÄUTER UND JEDE MENGE ANDERE GEWÄCHSE

Als Reiseleiter werde ich oft gefragt, was ich an Israel am meisten mag. Religiöse Gruppen aus dem Ausland erwarten dann als Antwort eine biblische Stätte, die klassischen Bildungsreisenden hingegen eine archäologische Ausgrabung oder ein besonderes Museum.

Meine Antwort auf diese Frage lautet jedoch immer: »die Natur«, und damit meine ich Sträucher, Kräuter und andere Gewächse. Denn tatsächlich spiegelt sich die besondere geologische, klimatische und auch landschaftliche Vielfalt innerhalb dieses winzig kleinen Landes auch in seiner überraschend artenreichen Pflanzenwelt wider. Die Entfernung zwischen dem 2800 Meter hohen Bergmassiv des Hermon und dem 400 Meter unter dem Meeresspiegel gelegenen Toten Meer beträgt gerade einmal 250 km. Und während es in Obergaliläa Niederschlagsmengen von über 1000 mm im Jahr gibt, sind es in der südlichen Negev-Wüste gerade mal 50 mm. Kein Wunder, dass sich das, was da überall aus dem Boden wächst, grundlegend voneinander unterscheidet.

Besonders faszinieren mich die biologischen Prozesse, welche die Pflanzen entwickelt haben, damit sie unter den nicht immer einfachen Verhältnissen überleben. Da wäre zum Beispiel die Strauchmelde (*Atriplex halimus*) aus der Familie der Fuchsschwanzgewächse, die man insbesondere in der judäischen Wüste und im Negev finden kann. Um mit dem trockenen Lebensraum und dem bis zu zwanzig Prozent sehr salzhaltigen Boden zurechtzukommen, scheidet die Melde das überschüssige Salz über Haare auf der Oberfläche ihrer Blätter aus. Die Salzschicht auf den Blättern schützt die Pflanze anschließend bei starker Sonneneinstrahlung vor Austrocknung. Während die Bibel das »Salzkraut« (Hiob 30:4) als Nahrung der armen Leute beschreibt, kultiviert man in Israel die salzigen Blätter mittlerweile als leckere Salatbeilage, preist sie für ihren hohen Vitamingehalt und nutzt sie medizinisch bei der Behandlung von Diabetes.

Eine weitere Pflanze, über die ich gerne spreche, ist die Wilde Karotte (*Daucus Carota maximus*), aus der sich dann später die uns allen bekannte Gartenmöhre entwickelt hat. Das weit verbreitete Wildkraut ist von den nördlichen Golanhöhen bis hinunter ins Jordantal fast im ganzen Land zu finden. Wenn man sich die schirmartige weiße Blütendolde der Wilden Karotte anschaut, sieht man in der Mitte ein Scheininsekt in Form eines großen schwarzen Punktes. Vorbeifliegende Käfer oder Fliegen glauben, in dem Punkt einen Artgenossen zu erkennen, hoffen auf leckeren Nektar und statten der Dolde einen Besuch ab. So hebt sich die Wilde Karotte von anderen Sommerblühern ab und die Chance einer Bestäubung erhöht sich um ein Vielfaches. Wie clever!

Während die Wilde Möhre frühestens im 4. Jahrhundert im Mittelmeerraum heimisch wurde, wird die Dattelpalme bereits in der Bibel als einer der wichtigsten Bäume des antiken Kanaan erwähnt. Als Wüstenpflanze musste auch sie sich auf die extreme Trockenheit und auf längere Dürreperioden einstellen und entwickelte eine Eigenschaft, die man durchaus als kleines Wunder bezeichnen darf: Dattelkerne können nämlich über Jahre hinweg keimfähig bleiben! Im Jahr 2005 gelang es der israelischen Botanikerin Elaine Soloway, einen rund 2000 Jahre alten Dattelkern – gefunden auf der Felsenfestung Masada – wieder zum Keimen zu bringen.

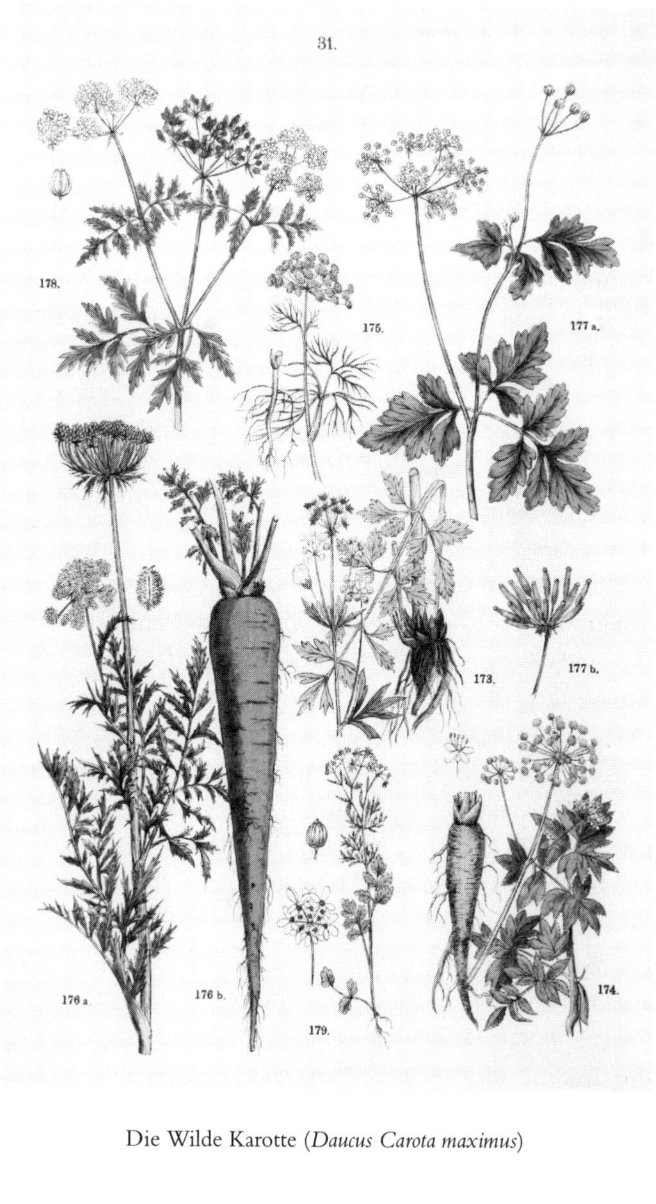

Die Wilde Karotte (*Daucus Carota maximus*)

Gepflanzt im Kibbuz Keturah, unweit von Eilat, trägt die mittlerweile sechzehn Jahre alte Palme den Namen Methusalem, benannt nach dem mit 969 Jahren ältesten in der Bibel erwähnten Menschen überhaupt. Und es gibt noch mehr von Datteln zu erzählen: Wenn in der Bibel nämlich vom verheißenen Land, in dem »Milch und Honig« fließen, die Rede ist, dann ist mit Honig höchstwahrscheinlich der eingedickte Saft der Datteln gemeint. Das damals sehr wichtige Nahrungsmittel stand symbolisch für die üppige Vegetation und den Reichtum des Landes. Die Kinder Israels kannten den Geschmack übrigens zu Genüge, da auch das biblische Manna bei der 40-jährigen Wanderung durch die Wüste nach Honig geschmeckt haben soll. (Ex. 16:31)

Jenseits ihrer besonderen Eigenschaften bieten Pflanzen auch immer wieder die Gelegenheit, über die Menschen, die hier leben, und die Kulturgeschichte des Landes zu sprechen. Während die Kaktusfeige Sabra gemeinhin als Allegorie für die israelische Bevölkerung herhalten muss (außen zwar stachelig, aber mit einem süßen Kern), steht der Olivenbaum für die ewig währende Hoffnung der Menschen auf Frieden. Die saftigen und süßen Kerne des Granatapfels verwendeten schon die Rabbinen in talmudischer Zeit als Gleichnis für die Vielzahl der Weisheiten und Gebote in der hebräischen Bibel. Bei den Weinanbaugebieten in der Negev-Wüste bietet es sich an, von den Nabatäern zu erzählen, die mit Hilfe eines ausgeklügelten Bewässerungssystems schon vor 1500 Jahren Trauben kultivierten und anschließend Wein aus dem Heiligen Land nach Rom exportierten.

Wenn ich dennoch von einem Lieblings*ort* in Israel erzählen soll (deutsche Touristen lassen einfach nicht locker), dann nenne ich den Nationalpark Tel Dan am Fuße der Golanhöhen.

Der Nationalpark bietet spannende archäologische Funde wie ein 1800 Jahre altes Stadttor und die Überreste eines Op-

feraltars aus der Zeit des israelitischen Königs Jerobeam. Mindestens genauso faszinierend ist jedoch das üppige Naturreservat, das sich auf dem etwa halben Quadratkilometer entwickelt hat und einem kleinen Dschungel gleicht.
Die Dan-Wasserquelle speist mit dem Dan-Fluss den größten der drei Quellflüsse des Jordan (übersetzt: »den Dan herabfließend«) und ist mit einer jährlichen Schüttung von etwa 238 Millionen Kubikmetern Wasser (etwa 8,5 Kubikmeter pro Sekunde) sogar die größte Karstquelle im Nahen Osten. Insbesondere wenn man am Tag zuvor mit dem Bus durch die karge Landschaft der judäischen Wüste in den Norden des Landes gefahren ist, kann man hier wunderbar illustrieren, welchen Einfluss genügend Wasser auf die Entwicklung der Vegetation hat.
Nahe dem Flussufer wachsen hier Brombeeren, Leberblümchen, Weiderich, Zyperngras und Weiden. Ein paar Meter entfernt sieht man dann atlantische Terebinthen, echten Lorbeer, schmalblättrige Eschen sowie auch den syrischen Christusdorn, aus dessen Zweigen vor 2000 Jahren angeblich die Dornenkrone Jesu geflochten wurde. Weiter trifft man hier auf etwa dreißig Arten von Kletterpflanzen und eine sehr seltene Sorte des Johanniskrauts, das bis zu vier Meter hoch werden kann.
Aufgrund seiner geografischen Lage finden sich hier tropisch-afrikanische, euro-sibirische, iranisch-anatolische und mediterrane Pflanzen. Auch das mit 14,5 Grad Celsius durchgängig kühle und sehr sauerstoffreiche Quellwasser begünstigte die Entwicklung eines kleinen Natur-Märchenlands, das seinesgleichen sucht.
Verlässt eine Gruppe nach einer 10-tägigen-Rundreise dann wieder das Land, bleiben ihr diese Bilder der vielfältigen Naturlandschaft oft länger im Gedächtnis als die überlaufenen Heiligtümer oder die doch immer recht ähnlichen Museen.

MEIR SHALEV
JAHRESZEITEN

Bei jeder Auslandsreise kommt die Phase – nach circa zweieinhalb Tagen –, wo mich Heimweh befällt. Wodurch wird es ausgelöst? Nun muss ich gestehen, dass ich ganz gut ohne israelische Alltagsdinge und -errungenschaften wie Hüttenkäse, Nachrichtensendungen, Überholen auf dem Randstreifen, Schulterklopfen, »Suppenmandeln« und »Schlammkaffee« auskomme, und mit einiger Anstrengung kann ich sogar die räumliche Entfernung von den Gräbern des biblischen Josef, seiner Mutter und seines Vaters verwinden. Heimweh empfinde ich nach einigen geliebten Menschen, nach meinem Haus, meinen Wildpflanzen, der hebräischen Sprache und ein paar Landschaften.

Nicht nach vielen, denn die meisten Länder, die ich bereist habe, bieten landschaftlich mehr als Israel. Die Mittelmeerküsten von Italien, der Türkei, Griechenland und Spanien beispielsweise sind schöner, die Bäume und Berge dort höher als unsere, und die Wasser sprudeln üppiger. Aber die Landschaften jener Länder bieten mir keine Erinnerungen und Geschichten, und wir haben ihnen noch etwas voraus: eine ganze Bandbreite an Klimazonen und Bodensorten sowie die Möglichkeit, in zwei bis drei Stunden von Wald zu Wüste, von Schnee zu Sand, von stattlicher Höhe zur tiefsten Tiefe zu gelangen. Außerdem haben wir eine – für die geringe Landesfläche – enorme Vielzahl an Pflanzenarten, mehr als erheblich größere Länder, und auch spannende Nachbarschaften: Nur in Israel habe ich eine Eiche neben einer Akazie oder einen Wüstenginsterstrauch neben einem

Johannisbrotbaum gesehen, was daher rührt, dass wir uns am Schnittpunkt dreier Kontinente befinden.
Das wahre Problem beginnt jedoch erst, wenn ich über die Mittelmeerländer hinaus in Gegenden reise, in denen ich noch etwas vermisse – unseren Jahreszeitenwechsel. Bei aller Bewunderung für den *Indian Summer* in Vermont, den längsten Tag des Jahres am Nordkap in Norwegen und die umgekehrten Jahreszeiten in Australien und Südafrika brauche ich doch den gewohnten mediterranen Jahresablauf: Winter, Frühling, Sommer und Herbst, jeder mit seinen Gerüchen und Bildern und Geräuschen und seinen Unterschieden zu den anderen Jahreszeiten.
Und auch die Art, wie sie einander ablösen: nicht schlagartig, sondern sacht, im nahen Garten wie auf ferner Flur. Ein Mensch, dessen Körper spürt und sich erinnert, dessen Haut den anderen Luftzug wahrnimmt, dessen Ohren die Geräusche hören, die vom Himmel herab und vom Gras herauf oder leise aus dem Dickicht klingen, dessen Augen den Farbwechsel des Laubes im Wald vorhersehen, dessen Nase die Gerüche erkennt – der weiß auch, dass die Kämpfe der Jahreszeiten kurz vor der Entscheidungsschlacht abflauen und die Schlacht dann nicht mit dem Triumph des Siegers, sondern mit der Kapitulation des Besiegten endet, nicht mit Siegesfanfaren hier und Todesröcheln dort, sondern mit einem langsamen Rückzug, einem Verschwinden, das besagt: Wir kommen wieder.
Nach der Sintflut versprach Gott dem Menschen: »Solange die Erde besteht, sollen nicht aufhören Aussaat und Ernte, Kälte und Hitze, Sommer und Winter, Tag und Nacht« – das heißt, die Ordnung der Welt und ihrer Jahreszeiten wird künftig nicht mehr gestört werden. Abgesehen von »Aussaat« und »Ernte« sind die aufgezählten Erscheinungen und Wechsel naturbedingt. Aber die Sache ist etwas komplizier-

ter, denn »Aussaat« und »Ernte« bezeichnen an sich landwirtschaftliche Tätigkeiten, sind hier jedoch Synonyme für Herbst und Frühling, die, anders als Sommer und Winter, nicht bei ihren üblichen Namen genannt werden. Vermutlich wollte der Verfasser damit die Verbindung zwischen den Menschen, ihrem Leben und Arbeiten, und der Natur mit ihren Tages- und Jahreszeiten herausstreichen.
Manche Klimaexperten behaupten, in unseren Breiten gebe es keine vier Jahreszeiten, sondern nur Sommer und Winter, und was wir Herbst und Frühling nennen, seien lediglich Grenzen und Frontlinien zwischen den beiden. Auch manche Sprachwissenschaftler erklären, das hebräische Wort für Herbst – *stav* – sei eigentlich der Name für die Regenzeit, die wir heute als *chorev* – Winter – bezeichnen. Im Hohelied heißt es: »Denn vorbei ist der Winter, verrauscht der Regen« – wobei im Original *stav* für »Winter« steht. Meiner Ansicht nach kann man den Satz jedoch auch schlichtweg so verstehen, dass zwei Jahreszeiten nacheinander vergangen sind, erst der Herbst und dann der Winter. Aber auch sonst akzeptiere ich die Zweiteilung des Jahres keineswegs. Die Zeit zwischen Sommer und Winter ist tatsächlich nicht so ausgeprägt wie der Januar mit seiner Kälte und Niederschlagsmenge oder der August mit seiner Gluthitze, aber sie hat ihren eigenen Charakter und ihre spezifischen Merkmale: in der Flora und Fauna, in der Witterung, in der Landwirtschaft und in unserem körperlichen und seelischen Befinden.

Das hebräische Wort für »Sommer« – *kaitz* – erinnert an das Wort *ketz* – Ende. Ist dem zu entnehmen, dass das Hebräische den Sommer als Ende des Jahres betrachtet? Jeden Punkt eines Kreises kann man als Ende und Anfang zugleich sehen, doch für unseren Jahreskreis gilt das nicht. Die Blüte beginnt in der Mitte des Winters, dauert den Frühling hindurch und bis gegen Mitte des Sommers an, hört jedoch im Herbst, wenn die meisten Pflanzen verwelken, fast vollständig auf, und wenn die ersten Regenfälle pünktlich einsetzen, keimt im Herbst auch schon ein neuer Lebenszyklus. Nur den Herbst kann man daher als die Jahreszeit betrachten, die Ende und Anfang zugleich ist.

So ist es auch in der Landwirtschaft, da im Herbst die Ernte des vergangenen Jahres eingebracht wird und die Aussaat für das kommende Jahr erfolgt. Spirituell angehauchte Naturen werden sagen, nicht nur in der Landwirtschaft, sondern auch seelisch sei Erntezeit. Ich bin leider kein spiritueller Typ, spüre aber den Einfluss des Herbstes auf Körper und Seele. Ringsum ist »das Gras verdorrt, die Blume verwelkt«. Soweit das Auge reicht, keine einzige Blüte, außer ersten Herbstzeitlosen und letzten Meerzwiebeln, und wenn man Glück hat oder weiß, wo man suchen soll, auch eine Sternbergie oder eine Trichternarzisse oder gar ein erster Krokus. Aber das Gesamtbild ist öde, selbst bei den Obstbäumen. Das Fest der Sabres und der Feigen ist vorüber, im Weinberg hängen ein paar übriggebliebene Trauben, die Zitrusfrüchte sind noch nicht reif, und nur letzte Granatäpfel erfreuen Auge und Gaumen. Der Wald wirft Blätter ab und Grau sprenkelt das Laub, Wolken trüben das Himmelsblau, und selbst die Zugvogelscharen, die mich im Frühjahr mit Freude erfüllen, stimmen nun wehmütig.

Die Landwirte sorgen sich jetzt: Wird Regen fallen oder nicht? Und die Sorge regt zu seelischer Einkehr und Reue an. Dürre gilt vielen als eine Strafe Gottes für die, die seine Erwartungen nicht erfüllt haben. Aber es gibt auch Stadtbewohner, und die können sich lyrische Anwandlungen leisten. Wer dazu neigt oder gern danach aussehen möchte, wickle sich einen Schal um den Hals, streife durch die Straßen der Stadt, betrachte das wirbelnde gelbe Laub im Wind, gebe sich der süßen Melancholie eines Herbstlieds hin und suche die Nähe einer ebenso melancholisch gestimmten Seele, mit der er die süße Wehmut voll auskosten und sich womöglich in der Kälte des nahenden Winters wärmen kann. Was mich betrifft: Meine herbstliche Wehmut rührt von den kürzer werdenden Tagen, und die geliebte Seele kann man auch in anderen Jahreszeiten suchen. Warum sollte der Liebende sich auf den Herbst beschränken? Romantisch sein kann man auch in Sommer, Frühling und Winter.

Wie ich schon erzählt habe, liegt hinter meinem Haus ein natürlicher Wald, dessen Farben je nach Jahreszeit wechseln. Die meisten Bäume sind Tabor-Eichen und Palästina-Terebinthen. Im Herbst wird ihr Laub gelb und fällt ab, und die kahlen Bäume färben den Wald grau. Das verbleibende Grün stammt von immergrünen Bäumen: Kermes-Eichen, Mastix-Terebinthen und hier und da ein Johannisbrotbaum. Im Frühling bekommen die Tabor-Eichen neue Blätter. In den ersten Tagen sind sie von einem zugleich starken und zarten Hellgrün, und die Terebinthen bereichern das Bild um einen Rotschimmer. Bald jedoch grünt der ganze Wald in verschiedenen Schattierungen, bis im Spätsommer der Staub alles in ein uniformes, verblichenes Graugrün verwandelt. Der erste Regen wäscht den Staub ab, und der Wald funkelt wieder, bis die Blätter erneut abfallen und das Grau wiederkehrt.

Auch auf den Feldern hinterm Haus wechseln die Farben in schöner Regelmäßigkeit, aber das ist nicht nur der Natur, sondern auch den Landwirten geschuldet. Die bebauten grünen Flächen werden gemäht und vergilben oder umgekehrt, sie vergilben erst und werden dann gemäht, das Gelb verwandelt sich in Staubbraun, danach in das satte Braun gepflügter Erde, und schließlich erobert das keimende Grün erneut die Felder. Wer das alles kennt, kann den Monat an den Farben ablesen. Während die hebräische Sprache Stunden und Tage, den Schabbat ausgenommen, mit Zahlen bezeichnet – »Erster Tag« heißt Sonntag, »Zweiter Tag« Montag usw. –, haben die Monate bei uns Namen – Januar, Februar usw. –, aber da sie ausländischen Ursprungs sind, sagen sie uns nichts.

Sogar die Monatsnamen des Kalenders, den wir als »hebräisch« bezeichnen, sind eigentlich fremd und unverständlich. Wer weiß denn schon, was »Tischre«, »Tevet«, »Elul« und »Marcheschwan« bedeuten? Einige haben zwar einen gewissen Reiz, so hübsche Namen wie »Adar«, »Tamus« und »Ijar« zum Beispiel, aber genau genommen stammen auch diese angeblich hebräischen Monatsbezeichnungen aus fremden Sprachen und Kulturen, genau wie »Juli«, »November« und »April«.

Der Kalender, der den Titel »hebräisch« noch am ehesten verdient, ist der »Gezer-Kalender«, der nach seinem Fundort benannt wurde. Es ist ein landwirtschaftlicher Kalender, dessen hebräische Monatsnamen nicht mehr gebräuchlich sind: Monat der Ernte, der Aussaat, der Spätsaat, des Flachshackens, der Gerstenernte, des Rebenschneidens, der Fruchtlese. Nicht alle Wissenschaftler stimmen in der Deutung all seiner Namen überein, aber zweifellos bezeichnen sie landwirtschaftliche Tätigkeiten. Heute ist es zu spät, um diesen Kalender wiedereinzuführen, aber es ist schön zu wissen, dass wir einst solche Monate hatten, keine ruhmvollen Namen von römischen oder mesopotamischen Göttern und Herrschern, sondern Begriffe aus dem Alltags- und Arbeitsleben in diesem Land, die zum Teil im modernen Hebräisch noch existieren.

Heutzutage hat die Landwirtschaft ihre Vorrangstellung in

der israelischen Gesellschaft und Politik eingebüßt. Mit ihren neuen Gewächsen und modernen Methoden folgt sie nicht mehr getreu der Einteilung des Gezer-Kalenders. Viele Pflanzen wachsen und reifen zu allen Jahreszeiten. Gewächse, die zu biblischen Zeiten hierzulande unbekannt waren, werden heute angebaut, und andere wurden aufgegeben und verschwanden. Aber dem Kenner dient die Natur immer noch als Kalender und Uhr, und so zeigt auch mein Wildgarten mir die zyklische und die lineare Zeit an.

Wer den Stimmen des Gartens lauscht und den Wechsel seiner Farben und Gerüche wahrnimmt, wer an den Füßen die Erde und auf der Haut Wind und Sonnenschein spürt – der kennt auch die Jahreszeiten. Und so wie jeder weiß, dass die Sonne bei Tag und der Mond bei Nacht scheint, so gibt es Menschen, die wissen, welche Blume in welchem Monat zu blühen beginnt, und die beim Aufwachen im Morgengrauen an der Stimme des Vogels, der gerade singt, die Stunde ablesen können. Ich persönlich habe noch ein Zeichen – die Stelle, an der die Sonne über dem Karmelgebirge untergeht, denn sie wechselt ebenfalls mit der Jahreszeit. Im Laufe des Sommers wandern die Sonnenuntergänge den Karmelkamm entlang von Süden nach Norden und im Winter von Norden nach Süden. Da auch mein Balkongeländer in Nord-Südrichtung verläuft, habe ich mir schon überlegt, die Stelle des Sonnenuntergangs für jede Woche darauf zu markieren, um nicht nur auf die Uhr, sondern auch auf den Kalender verzichten zu können.

Als Teil der Natur ist der Garten eine analoge Uhr. Sie hat Zeiger, die im Kreis vorrücken: Einen kleinen Zeiger für die große Zeit, die Jahre und Jahreszeiten, und einen großen Zeiger für die kleine Zeit, die Stunden des Tages, und beide sind nicht nur zu sehen, sondern auch zu hören und zu riechen. Die Zeiger des Gartens, das sind das Blühen, Keimen und Welken seiner Pflanzen, der Morast und die Risse und der Staub seiner Erde, die Balzrufe und der Reviergesang der Kohlmeisen und die Stimmen der Turteltauben und der Zwergohreulen und das Summen der Bienen und die kleinen Mulden, aus denen die Schnecken kriechen.

Der kleine Zeiger der Jahreszeiten zeigt das Ende des Sommers durch das Zirpen der letzten Zikaden an und durch den warmen Geruch des Staubes, den die Füße und der Wind von der Erde aufwirbeln. Er ruft den Herbst aus mit den Stimmen, die unsichtbare Kraniche vom Himmel senden. Verkündet Mittsommer mit dem heiseren Kreischen heranwachsender Eichelhäher, deren Färbung, Kühnheit und Größe die Zahl der Tage verraten, die seit ihrem Schlüpfen verstrichen sind. Der große Zeiger zeigt die Tageszeit an, und das nicht nur mit dem Licht oder dem Sinken der Sonne. Er ist auch der nachmittägliche Westwind und die Schreie der Triele kurz vor Tagesanbruch.

Der Schatten der Terebinthe zeigt mir mit seiner Größe, Richtung und Kühle neun Uhr morgens an, die roten Blättchen des Granatapfels sagen Anfang März, die Blattgröße der Meerzwiebeln unten am Hang erinnert mich daran, vor wie vielen Jahren ich sie gesät habe, genau wie Haut und Haar mir meine eigenen Jahre anzeigen. Und weil hier von mir und meinem Garten die Rede ist, heißt das auch, dass ich in einigen Jahren im Herbst wieder Meerzwiebeln dort säen, sie aber nicht mehr blühen sehen werden.

Aus: Meir Shalev. *Mein Wildgarten*, aus dem Hebräischen von Ruth Achlama

TAMAR HERMANN
DER ISRAEL-TRAIL ALS ZUFLUCHTSORT

Schon seit Jahren herrscht Unruhe in der israelischen Bevölkerung. In manchen Kreisen, vor allem bei den Linken und in der Mitte des politischen Spektrums, plagt man sich mit Selbstzweifeln und schweren Bedenken (»die israelische Demokratie steht am Abgrund«), während man bei den Rechten die Veränderungen in Gesellschaft und Politik mit Genugtuung registriert, in dem Gefühl, endlich historische Gerechtigkeit erlangt zu haben. Doch auf beiden Seiten ist man, wie zahlreiche Erhebungen zeigen, besorgt über die Gegensätze, die die israelische Gesellschaft spalten, und beide Seiten haben, wenn auch aus unterschiedlichen Gründen, geringes Vertrauen in die staatlichen Institutionen und Amtsträger. Deshalb möchten viele dem Gewohnten und Vertrauten an einen Wohlfühlort entfliehen. Dieser eskapistische Drang treibt in den letzten Jahren Tausende von Israelis dazu, Tage, Wochen oder gar Monate an Orten zu verbringen, wo der sozialpolitische »Lärm« weniger hinkommt: im Ausland, in Fitness-Centern, Luxusrestaurants oder auch auf dem Israel-Trail. Dieser Weg, um den es hier gehen soll, vermittelt den Wanderern das Gefühl – oder die Illusion –, an einem Ort zu sein, der »rein« von politischer und gesellschaftlicher Verschmutzung ist, quasi ein Rückzugsraum mit nichts als guten Menschen, guten Taten, unberührter Natur und der Eintracht von einst.

Der Israel-Trail verläuft über rund tausend Kilometer, vom Ussischkin-Haus im Kibbuz Dan bis hundert Meter vor dem Grenzübergang nach Ägypten in Taba. Begeht man ihn in ganzer Länge von Dan bis Eilat, dauert die Wanderung 45 Tage in schnellem und bis zu 60 Tage in gemächlicherem Tempo. Wie andere Fernwanderwege weltweit besteht der Israel-Trail aus alten natürlichen Pfaden und neu angelegten Verbindungsstücken. Bei der Streckenplanung berücksichtigte man nicht nur abwechslungsreiche Landschaften, Geländeformen und Pflanzenarten, sondern auch historische und legendäre Stätten, die in das – zumeist jüdisch-zionistische – historische Kollektivgedächtnis eingegangen sind:

Die Lebenden und die Toten sind dort ständig gegenwärtig, und ihre Anwesenheit rührt ans Herz. Der Trail passiert Gräber und Gedenktafeln, die mit historischen Gefechten oder sogar der Liebe verbunden sind. Sie liegen stets in schöner Landschaft, als sei das Leben dieser Menschen mit der Umgebung verbunden, in der sie einst lebten oder die sie liebten, Landschaften, von denen wir meinen, sie hätten sie an ihrer letzten Ruhestätte sehen wollen.[1]

Obwohl der Israel-Trail als nationaler Fernwanderweg gilt, wurde er nie als solcher anerkannt. Die Wegplaner verzichteten auf einen entsprechenden Antrag, denn eine staatliche Anerkennung hätte die Schaffung eines geschützten Korridors entlang der gesamten Strecke verlangt, was wiederum umfangreiche Bodenenteignungen erfordert hätte. Anlage und Markierung des Weges hätten sich um Jahre, wenn nicht gar Jahrzehnte verzögert.

Die Idee, einen solchen Fernwanderweg zu schaffen, stammte von dem Journalisten Avraham Tamir, angeregt durch seine Begehung des Appalachian Trails in den USA. Tamir begann, für die Umsetzung zu werben: 1984 kontaktierte er den damaligen Sekretär des israelischen Naturschutzverbands, Yoav Sagi, der ihn mit Uri Dvir vernetzte, dem damaligen Vorsitzenden des Komitees für Israels Wanderwege. Dvir begeisterte sich für das Projekt eines nationalen Fernwanderwegs, sah darin eine mögliche Lösung für die Identitätskrise, an der die israelische Wanderbewegung seit Mitte der 1970er Jahre krankte. Tamir und Dvir reichten einen Projektvorschlag für eine Strecke von Dan bis Eilat ein. Der Vorschlag wurde vom Komitee für Wanderwege angenommen, und die Arbeit begann 1985.

Die Streckenführung des Israel-Trails folgte einer Reihe von Grundsätzen, in erster Linie diesen:

Vielfalt – Die Wanderer sollten möglichst verschiedene Landschaften, Siedlungsformen und Bevölkerungskreise, Religionen und Sehenswürdigkeiten erleben.

Sicherheit – Darauf beruhte zum Beispiel die umstrittene Entscheidung, Abstand zur Grünen Linie und zu dicht mit Arabern besiedelten Gegenden zu halten.

Meiden von Wohnbereichen und Städten – Dieser Grundsatz erntete von Beginn an scharfe Kritik. Besonders beanstandet wurde der Umstand, dass der Weg nicht nach Jerusalem führt. Manche sahen darin sogar eine Kapitulation vor internationalen Zweifeln an der Legitimität von Jerusalem als Hauptstadt Israels.

Berücksichtigung der Klimaverhältnisse – Die Planer wollten den Trail das ganze Jahr über begehbar machen.

Ausgangspunkt – Die Entscheidung für den Kibbuz Dan und nicht für Hermon wurde unterschiedlich begründet, aber den Ausschlag gab wohl das, was man nicht laut sagte: die

unausgesprochene Absicht, innerhalb der Grünen Linie zu bleiben.[2]
In der ersten Markierungsphase widerstanden die Planer der Versuchung, dem antiken römischen Gebirgspfad zu folgen, denn diese Entscheidung hätte den Trail geradewegs ins Westjordanland geführt. Deshalb entschied man sich für einen Schwenk nach Westen. Von der Markierung im Norden ging man direkt zu der im Süden über, unter Überspringung des Mittelstücks, das erst nach der Südstrecke an die Reihe kam. Interessanterweise entzündete allein schon die Wegmarkierung einen heftigen Streit zwischen den Puristen, die das Eindringen von Wanderern in die Natur ablehnten, und ihren Gegnern, die die Wanderlust breiter Bevölkerungskreise fördern wollten. Der erbittertste Widerstand kam gleich zu Anfang von nicht wenigen Guides aus den Field Schools des Naturschutzverbands. Sie wollten die Kultur des Wanderns auf unmarkierten Wegen gewahrt wissen, die in der Frühzeit der jüdischen Ansiedlung im Land und bei Ausflügen in die Sinai-Halbinsel, während der Jahre, die sie unter israelischer Verwaltung stand, gang und gäbe gewesen war. In dem Wunsch, die Natur unberührt zu lassen, verwahrten sie sich gegen jeden menschlichen Fußabdruck auf freier Flur. Mancherorts kam es daher sogar zur Entfernung der neuen Wegmarkierungen. Uri Dvir und andere Befürworter des Trails sahen darin einen überbordenden beruflichen Fundamentalismus, Verantwortungslosigkeit gegenüber den Wandernden und sogar Ignoranz.
Nach über einem Jahrzehnt voll Debatten und Markierungsarbeit wurde der Israel-Trail – anfangs rund 850 Kilometer lang – im April 1995, zum Pessachfest, vom damaligen Staatspräsidenten Ezer Weizman mit einem Festakt am Ehrenmal des Panzerkorps in Latrun offiziell eröffnet. Das Ereignis fand breiten Widerhall in den Medien. Es war eine glänzen-

de israelisch-jüdisch-zionistische Geburtstagsfeier. Trotzdem blieb erhebliche Skepsis: Einheimische Natur- und Wanderfreunde hielten das Ganze für einen Gag, der zum Scheitern verurteilt war. Doch sie irrten sich gewaltig. Der Israel-Trail inspirierte Ausflüge in die Natur auf neue Weise. Der Erfolg stellte sich jedoch nicht auf Anhieb ein: Im ersten Jahrzehnt seines Bestehens blieb der Weg fast ein Geheimtipp, war wenig begangen. Erst fünfzehn Jahre später kam der Trail in Mode. Das geschah nicht von selbst, sondern aufgrund großer Anstrengungen einiger Unentwegter.

Wegen der zweiten Intifada, die im Herbst 2000 ausbrach, verlegte man den Trail 2003 im Scharon-Bereich rund dreißig Kilometer weiter nach Westen, vom Gebirgsrand in Richtung Mittelmeer, und damit weiter von der Grünen Linie entfernt. Es sollte nicht die einzige Streckenänderung bleiben. Zu den Sicherheitserwägungen gesellten sich über die Jahre weitere Beweggründe. Der erste war prosaisch: Der Trail musste gelegentlich den Entwicklungen im Gelände angepasst werden. Neue Straßen, vor allem im Süden, verlangten – meist geringe – Verlagerungen des Trails. Auch der Bau der Trans-Israel-Straße (Nummer 6) zog Änderungen nach sich. Außerdem hegten die Mitglieder des Komitees für Israels Wanderwege den Wunsch, ihn wieder zum reinen Fußweg zu machen, nachdem längere Abschnitte des ursprünglichen Trails mittlerweile auch von anderen Verkehrsteilnehmern – Geländewagen und Motorrädern – benutzt wurden, was einige weitere Abweichungen erforderte. Wesentliche Veränderungen der ursprünglichen Streckenführung erfolgten im Negev wegen der Nähe zu Truppenübungsplätzen und zur ägyptischen Grenze. Um weiteres Eindringen von Arbeitsimmigranten und Flüchtlingen aus ägyptischem Gebiet zu verhindern und den Waffenschmuggel von dort zu erschweren, beschloss das israelische Kabinett 2010 den Bau eines Grenzzauns. Das Verteidigungsministerium verlangte dazu eine weitere Verlegung des Trails, und so wurden einige Streckenabschnitte wegen der Bauarbeiten am Zaun gesperrt. Auf Druck rechtsgerichteter Kreise rief der damalige Tourismusminister Yariv Levin (Likud) eine neue Initiative namens »Trans-Israel-Trail« ins Leben, mit dem Ziel, einen Abstecher des Israel-Trails über die Grüne Linie zu leiten. Das Touristikministerium stellte zehn Millionen Schekel für die Planung des alt-neuen Trails bereit. Man bildete einen interministeriellen Ausschuss zur Debatte über die Änderung, und dieser verfasste einen Abschlussbericht. Doch wegen der damals einsetzenden politischen Volten wurde die Initiative praktisch eingefroren, ehe sie noch konkrete Formen annehmen konnte, und sie dürfte in absehbarer Zukunft wohl kaum erneuert werden. Eine weitere Streckenänderung folgte im Herbst 2019: Im Süden berührt ein Abstecher nun einige besonders schöne und historisch wertvolle Stätten, wie Masada und das Tote Meer.

Der Israel-Trail als Zufluchtsort

Zwei kulturelle Einflüsse leiten die Nutzer des Israel-Trails, der eine globaler, der andere heimischer Provenienz: die Kultur des Freizeitwanderns und die Tradition der Erkundung des Landes Israel zu Fuß.

Wandern in der freien Natur zur Läuterung der Seele und zur Heilung von Großstadtleiden kam in der Romantik des 17. und 18. Jahrhunderts auf. Doch weite Bevölkerungskreise ergriff die Wanderlust erst beim Aufstieg des modernen Nationalismus im 19. Jahrhundert, der von Anfang an das landesweite Wandern, vor allem in der Natur, propagierte. Seine Anhänger erkannten, dass Wandern die Bodenständigkeit erhöht, den Wanderer für die heimatliche Landschaft begeistert und dadurch seine Treue zum Kollektiv der Nation stärkt. Seit der Glanzzeit des Nationalgefühls im 19. Jahrhundert wurde das Wandern von nationalgesinnten und nationalistischen Kreisen begeistert empfohlen und gefördert. Entsprechend schnell kam das Markieren von Wanderwegen in Europa voran.

Neben dem Nationalismus stärkte auch die Freizeitkultur die Beliebtheit des Wanderns in freier Natur. Die Wanderlust ist häufiger unter kräftigen jungen Menschen vertreten, heute jedoch auch unter Älteren verbreitet. Fernwandern zum Vergnügen war und ist hauptsächlich denen vorbehalten, die es sich leisten können, eine Auszeit für Wanderungen und Reisen in die Ferne zu nehmen. Untersuchungen haben ergeben, dass Wanderreisende im Schnitt gebildeter und wirtschaftlich bessergestellt sind als die Gesamtbevölkerung. Höhere Bildung geht oft mit größerem Natur- und Umweltbewusstsein einher.

Eine im Auftrag des Tourismusministeriums erstellte Untersuchung über den Israel-Trail hat ergeben, dass ihn etwas mehr Männer als Frauen begehen. Die mit Abstand größte Altersgruppe ist die der 20- bis 29-Jährigen, gefolgt von den Älteren mit 50–59 Jahren. Die große Mehrheit der Wanderer sind in Israel geboren und säkular, aber die Zahl der Religiösen steigt und liegt über ihrem Anteil an der jüdischen Gesamtbevölkerung Israels. Im Weiteren ergab die Studie eine hohe Zufriedenheit der Wanderer, für den Norden und die Mitte des Landes noch mehr als für den Süden, wo das Wandern anstrengender ist und die touristischen Angebote sporadischer sind.

Wie gesagt, hat die Begehung des Trails auch spezifisch israelische Wurzeln. Die jüdische Ansiedlung im Land Israel Ende des 19. Jahrhunderts und das damit verbundene Bestreben, einen »neuen Juden« zu schaffen, weckte im Jischuw (der Gesamtheit der neuen jüdischen Bevölkerung des Landes Israel vor der Staatsgründung) große Lust auf Ausflüge. Die Erkundung des Landes gehörte zu den Grundsteinen der israelischen »zivilen Religion« und diente der Entstehung und Festigung des erneuerten Bandes zwischen dem jüdischen Volk und seiner historischen Heimat. In der Zeit des Jischuw und danach hieß es allgemein, Ausflüge würden die Menschen nicht nur an andere Orte bringen, sondern sie auch die Verbindung dieser Orte mit der Geschichte des Volkes im eigenen Land spüren lassen. Dem Ausflug wurde wissenschaftlicher, pädagogischer, nationaler und sozialer Wert beigemessen.

Der Wanderausflug ist sich in seinem Aufbau und in seinen nationalen und kulturellen Inhalten mehr oder weniger gleich geblieben, bewahrt seinen ideologischen Wert. Zahlreiche öffentliche Bildungs- und Fortbildungseinrichtungen bieten ein vielfältiges Angebot an Exkursionen zur Landeskunde – in Geologie, Zoologie und Botanik, Geografie, Geschichte und Archäologie –, ergänzt durch private Anbieter. Die Streitkräfte nutzen ein Viertel ihres Bildungsetats für landeskundliche Exkursionen. Auch private Gruppen oder sogar Familien nutzen zuweilen Lehrmaterial zur Vorbereitung oder engagieren einen ausgebildeten Fremdenführer.

Bisher haben wir die Entwicklung des Israel-Trails im Hinblick auf zwei relevante Traditionen – der globalen und der israelischen – erörtert. Nun wollen wir den Trail als Ort besprechen, da er im einfachen und übertragenen Sinn alle anderen Wanderwege in Israel übertrifft. Ein »Ort« entsteht, wenn viele meinen, ein bestimmter Punkt im Gelände sei nicht beliebig, sondern bedeutsam. Die Eigenart des Trails bleibt dem Wanderer nicht verborgen. Der meistgenannte

Punkt in einschlägigen Schriften sowie in Interviews, die im Rahmen der vorliegenden Studie geführt wurden, ist die leicht nostalgisch angehauchte Liebe zum Land oder zur Heimat, meist aus Enttäuschung über die gegenwärtige Lage. Mit dem Treck als weltliches Ritual werden die Wanderer zu Touristen im eigenen Land, möchten die Heimat und ihre Landschaften kennenlernen und tiefere Wurzeln darin schlagen. Bei der erwähnten Untersuchung gaben neunzig Prozent der Wanderer an, die Begehung des Trails mache sie bodenständiger, stärke ihre Bindung zum Land Israel. Der Trail als Ort liefert also einen Bezugspunkt, der im Bewusstsein bleibt. Daneben lässt seine Begehung Raum für eine persönliche Interpretation des kollektiven Ethos. Der Trail gewährt damit eine höchst interessante Einsicht in das Bewusstsein der Israelis – oder zumindest jener Israelis, die ihn nutzen: Trotz der verbreiteten Kritik an öffentlichen Gremien und Führungskräften tragen die Fernwanderer auch Patriotismus im Herzen, ohne eine Spur von Ironie. Der Israel-Trail dient vielen jüdischen Mainstream-Israelis als Zufluchtsort vor allem, was wirklich – oder vermeintlich – früher gut war in Staat und Gesellschaft, nun aber kaputtgegangen ist. An diesem Ort – eigentlich eine Blase, was die meisten Wanderer entweder nicht wahrnehmen oder aber verdrängen – ist alles »honigsüß«: die herrliche Landschaft, die klare Luft, die guten Menschen. Keine Müllberge, keine Politiker. Die sozialen Unterschiede schwinden, und alle Alltagssorgen sind wie weggeblasen. Die Wanderung den Trail entlang ist oft eine sentimentale Reise in eine imaginäre Vergangenheit voll Harmonie und klarer Ideologie, eine – zumeist unbewusste – Flucht vor dem Besorgniserregenden, Schmerzenden, Unbequemen der Gegenwart. (Auch) in dieser Hinsicht unterscheidet Israel sich nicht von anderen Gesellschaften weltweit, die sich oft ebenfalls nur ungern ihren Problemen stellen, die von Jahr zu Jahr komplizierter werden, was viele Menschen dazu veranlasst, den Begriff der nationalen Sicherheit auf Bereiche auszudehnen, die früher nicht darin enthalten waren. Dieser Zeitgeist – jetzt noch erheblich verschärft durch die weltweite Coronakrise – hat viele Gründe, denen hier nicht im Einzelnen nachgegangen werden kann, doch zwei gelten in den letzten Jahren besonders für Israel: das Fehlen einer Staatsführung, die einen anerkannten, überzeugenden und mitreißenden Zukunftsplan verfolgt, und die verbreitete Meinung, dass die aktuellen Probleme des Landes kaum oder gar nicht lösbar sind.

Es gibt wohl keinen besseren Abschluss als ein Zitat des Schriftstellers David Grossman, der den Israel-Trail in seinem monumentalen Roman *Eine Frau flieht vor einer Nachricht* verewigt hat: »Und das Land ist schön, mit all seinen Narben und bitteren Erinnerungen, seinen unzähligen Gedenksteinen und Ehrenmälern. Schön und üppig ist es, und so viel Trost liegt darin – in Momenten, in denen es dich all das Böse und Kranke, das an ihm klebt, vergessen lässt, und an Orten, an denen es Landschaft und Weite und offene Herzen ist.«[3]

Aus dem Hebräischen von Ruth Achlama

1 Gilat, Zvi, *Israel-Trail*, Tel Aviv 2011, S. 8.

2 Später wurde der Golan-Trail angelegt, der an den Israel-Trail anschließt, aber kein Teil von ihm ist.

3 HIDDEN, Persönliche Kolumnen, David Grossman, »Jetzt, da das Buch abgeschlossen ist«, 2008 (hebr.), https://www.newlibrary.co.il/print.aspx?co=14039.

SHARON WEISER-FERGUSON UND ERAN LEDERMAN
EINSAME STÜHLE: BRESLAVER CHASSIDIM UND MODERNES DESIGN[1]

Wer in den israelischen Wäldern wandert, trifft gelegentlich auf einen schadhaften Stuhl, der zum Sitzen in der Landschaft aufgestellt wurde: eine Sitzfläche, der ein Baumstamm als Rückenlehne dient, oder ein improvisierter Stuhl, dessen eines Bein aus einem Baumstumpf oder einem Felsbrocken besteht. Was hat ein einsamer Stuhl – ein Industrieprodukt zum Hausgebrauch – mitten im Wald zu suchen? Wem gehört er, und wie ist er dort hingekommen? Wer hat ihn zurechtgeflickt und zu welchem Zweck?

Rabbi Nachman von Breslav (1772-1810) riet seinen Schülern und Chassidim, sich eine Stunde pro Tag von den Menschen abzusondern, möglichst in der Natur und vorzugsweise bei Nacht, wenn die äußeren Reize abnehmen. Diese Breslaver »Hitbodedut« (Isolierung) ist eine Form des individuellen, freien und spontanen Gebets und der intimen Zwiesprache mit Gott. Rabbi Nachman bestimmte zwar nicht ausdrücklich, ob der die Einsamkeit Suchende im Wald sitzen oder gehen sollte, aber in den letzten Jahren werden dafür immer häufiger Stühle benutzt. Viele waren kaputt, wurden jedoch für die Hitbodedut repariert und an sorgfältig ausgewählten Orten installiert. Die Ausstellung *Seated in Seclusion: Bratslav Hasidim and Contemporary Design*, die im März 2020 im Israel Museum in Jerusalem eröffnet wurde, zeigt Dutzende Fotografien von solchen Stühlen, die der Designer Eran Lederman während eines Jahrzehnts

in den Wäldern Israels aufgenommen hat. Es sind leere Stühle, die davon zeugen, dass ein Chassid bei Nacht darauf gesessen hat und in der nächsten Nacht zurückkehren wird, um sein Herz auszuschütten.
Rabbi Nachmans Empfehlung, die Einsamkeit regelmäßig, tagtäglich zu suchen, hat die Hitbodedut zu einem festen Bestandteil im Leben der Breslaver Chassidim gemacht, von höchster Bedeutung für die religiöse Vitalität und Authentizität des Chassids. Diese revolutionäre Neuerung – unmittelbare Rede des Chassids mit dem Ewigen, ohne Gemeinde, ohne Gebetbuch und außerhalb von Synagoge oder Lehrhaus – gehört zu den Erkennungszeichen dieser chassidischen Gemeinschaft. Rabbi Nachman erklärte, man solle den Wald nicht nur aufsuchen wegen dem, was dort nicht ist – Menschen –, sondern auch wegen dem, was sehr wohl dort ist: Bäume, Gräser und Blumen. »Und er sagte: Wäre es dir nur vergönnt, die Lieder und Lobgesänge der Gräser zu hören, wie jeder Grashalm dem Heiligen, gelobt sei er, sein Loblied singt, ohne Bitten und Hintergedanken, ohne jegliche Gegenleistung zu erwarten, wie schön und angenehm ist es, ihr Lied zu hören, und wie gut, bei ihnen dem Ewigen in Ehrfurcht zu dienen.«[2] Doch sollten die Chassidim nach Rabbi Nachmans Willen nicht nur Empfindsamkeit, Schönheit und Gesang für ihr Reden und Beten von den offenen Feldern aufnehmen, sondern auch die wilde Vitalität im Wald. Er hoffte, die Chassidim würden eine überschwängliche Gemeinschaft bilden, ihre Gottessehnsucht möge ganze Nächte lang aus ihnen hervorbrechen wie das Schreien der Waldtiere. Die Einsamkeit in Wald und Flur war daher eine Erfahrung voll Macht und Stärke, in deren Verlauf der Mensch seine Sorgen, seinen Schmerz und sein Sehnen artikulierte. Danach, sagt Rabbi Nachman, zeige sich die ganze Welt neu und anders, und auch der Mensch selbst sei neu

und völlig anders als der Mensch, der er zuvor gewesen war. Die tägliche Hitbodedut sei ein Vorgang, der mit der Aufgabe der Begierden und schlechten Eigenschaften beginne, danach die Körperlichkeit und das Selbstbewusstsein aufhebe, und im letzten, mystischen Stadium gelange der Chassid zur innigen Verbundenheit mit Gott und zum Aufgehen in ihm. Diese geistige Erhebung würden nur wenige Auserwählte erreichen.

Nicht von ungefähr entstand der neue Brauch der Benutzung einsamer Stühle gerade in dieser chassidischen Gemeinschaft, wo er in den letzten Jahren immer populärer wurde. Anders als andere chassidische Gruppen bestimmten die Breslaver nach dem Ableben ihres Rabbis keinen Nachfolger. Als Rabbi Nachman, der Urenkel des Baal Schem Tow, 1810 mit nur 39 Jahren starb, wollten die Breslaver Chassidim vereint bleiben und so weitermachen wie zu seinen Lebzeiten. Doch Rabbi Nachmans Charisma war so stark gewesen, dass keiner seinen Platz ausfüllen konnte. Sein Schüler, Rabbi Nathan Sternhartz (Nathan Ben Naftali Hartz von Nemirow), sammelte und verbreitete die Geschichten, Gleichnisse und Sprüche des Rabbi Nachman. Sie wurden von Generation zu Generation überliefert und studiert und dienen bis heute als Basis des intensiven Gruppengefühls. Die Breslaver Chassidim erhielten in den letzten Jahrzehnten großen Zulauf. Sie können, da es keinen aktiven Rabbi gibt, Ideen und Bräuche selbst entwickeln. In Abwesenheit eines Rabbis als höchster Autorität besteht größere Handlungsfreiheit, und so mag der Brauch mit den Stühlen entstanden sein.

Der Begriff »Stuhl« und erst recht der Ausdruck »leerer Stuhl« hat außerdem eine besondere Bedeutung. Nur wenige Gegenstände aus Rabbi Nachmans Besitz sind in den Händen seiner Chassidim verblieben, unter anderem der

Stuhl, auf dem er gesessen hat. Der Umstand, dass es sich dabei um ein rares Nachlassteil handelt, sowie die Geschichten, die sich darum ranken, haben diesem Stuhl legendäre Bedeutung verliehen. Nach der Überlieferung hatte Rabbi Nachman ihn im Sommer 1808 von einem seiner Chassidim geschenkt bekommen, einem Schächter aus der Gemeinde Teplik in der (heutigen) Ukraine. Der Hersteller des Stuhls erzählte, die Arbeit daran habe ein halbes Jahr gedauert, wobei er eine Stunde pro Tag darauf verwendet habe. Rabbi Nachman sah einen großen Wert in der täglichen handwerklichen und geistigen Beschäftigung mit dem Stuhl. Der Stuhl aus vergoldetem Lindenholz, verziert mit erhabenen und teils durchbrochenen (à jour) Blumen- und Tierschnitzereien regte seine Fantasie an; so sah er im Traum einen Stuhl im Flammenkranz, ähnlich dem Thron Gottes in der Vision des Propheten Ezechiel (1,1-28). Am Ende der Erzählung »Vom Königssohn und dem Sohn der Magd, die vertauscht wurden«,[3] die Rabbi Nachman ein Jahr später verfasste, ist von einem Thron aus wunderwirkendem Holz die Rede. Um dessen magische Kraft zu erwecken, musste der Königssohn die dort angebrachten Figuren der Tiere und Vögel neu anordnen und oben am Thron eine Rose wiedereinsetzen – eine Blume, die nach dem Buch des Sohar eine Bezeichnung für die Schechina, die Gegenwart Gottes bei seinem Volk Israel, ist. Einen solchen *Tikkun* (Reparatur) kann nur ein wahrer Königssohn vornehmen, der »eines aus dem anderen versteht [...] und alles so einzurichten weiß, wie es gemeint ist«. Die Wiedereinsetzung der Schechina (Sphäre *Malchut* – Königreich) an die Spitze des Throns (Sphäre *Keter* – Krone) symbolisiert die Vereinigung Gottes mit der Schechina, eines der Hauptziele von Gebet, Studium und chassidischem Lebenswandel, die nach der Lehre des Rabbi Isaak Luria (Ari) auch die Erlösung näher bringt.

Die Geschichte von Rabbi Nachmans Stuhl gab ihm eine besondere Bedeutung. Nach der Überlieferung überstand der Holzstuhl sogar einen Brand, der 1810 im Haus des Rabbis ausgebrochen war. Nach seinem Tod wurde der Stuhl zusammen mit seinen übrigen Sachen nach Uman verbracht und seiner Tochter Chaja übergeben. Während der antijüdischen Pogrome und des Bürgerkriegs in Russland nahm man den Stuhl auseinander und versteckte die einzelnen Teile. 1936 brachte der Breslaver Rabbi Mosche Beer Rosenfeld die Teile (von denen einige abhandengekommen waren) nach Jerusalem, wo man sie erneut zusammensetzte. Erst 1985 wurde der Stuhl zur fachmännischen Aufarbeitung dem Jerusalemer Kunstschreiner Catriel Sugerman übergeben. Der Stuhl ist heute in der Großen Breslaver Synagoge (Schul) in Mea Schearim verwahrt. Keiner darf darauf Platz nehmen, denn die Chassidim glauben, dass Rabbi Nachman keinen Nachfolger habe, und »auf seinem Thron wird kein Fremder sitzen«, heißt es im Gebetbuch. Der Stuhl ist häufig in Breslaver Veröffentlichungen abgebildet und nimmt einen hohen Rang im Gruppenbewusstsein der Chassidim ein. Er erinnert sie schmerzlich an die Abwesenheit des Rabbis, symbolisiert jedoch gleichzeitig seine Anwesenheit und dient bei rituellen Beschneidungsfeiern der Gruppe als Stuhl Elijas, auf dem das zu beschneidende Baby kurz abgelegt wird. Die leeren Stühle zur Hitbodedut in der Ausstellung korrespondieren daher auch mit dem leeren Stuhl Rabbi Nachmans. Im Gegensatz zu dessen Stuhl sind die Stühle, auf denen die Chassidim sitzen, einfache, wertlose Teile, ramponiert und ausrangiert, Symbole der Bescheidenheit und Selbstverleugnung, die man im Wald stehenlassen kann, ohne fürchten zu müssen, dass jemand sie stiehlt.

Die Ausstellung *Seated in Seclusion* veranschaulicht das Weltbild und die Gedanken, die hinter den Stühlen der Hitbodedut stehen. Neben Fotos von Stühlen der Breslaver Chassidim stehen Stühle moderner Designer. Überraschenderweise sind die Wertvorstellungen Rabbi Nachmans, der Hitbodedut und Naturnähe propagierte, auch an den Stühlen erkennbar, die in den letzten Jahrzehnten entworfen wurden. Natürlich gibt es dabei keinen direkten Einfluss, sondern es geht um den Nachhall des Zeitgeistes und die Erkenntnis – die im letzten Jahr, als uns Zeiten der Isolierung und Quarantäne aufgezwungen wurden, nur noch gewachsen ist –, dass wir uns auch in unserer heutigen hochtechnisierten und lärmenden Welt nach Abgeschiedenheit, Naturverbundenheit und geistiger Gesundung sehnen. So bezieht der italienische Designer Andrea Branzi rohes Holz in seine Werke ein, um das Wilde und Ursprüngliche daran aufzuzeigen. Der niederländische Designer Jurgen Bey schuf einen Stuhl, der Bronze – ein menschengemachtes Material – mit einem abgehackten – natürlichen und vergänglichen – Baumstumpf verband.

So gewährt die Ausstellung einen Einblick in die verborgene Bedeutung eines Stuhls, eines Gebrauchsmöbels, das zuweilen eine Fülle an kulturellen und symbolischen Zusammenhängen in sich birgt, und verweist auf die Verbindung zwischen Stuhl und Mensch und vom Menschen zu Natur und Umwelt.

Die Ausstellung *Einsame Stühle* war nur wenige Tage geöffnet, bevor die Corona-Pandemie ausbrach und das Israel Museum seine Tore schloss. Bei der Wiedereröffnung, Monate später, waren wir, wie auch die Besucher, nicht mehr dieselben. Nach monatelanger Abgeschiedenheit in den eigenen vier Wänden erlebten wir die Ausstellung anders. Die Besucher wollten natürlich etwas über den interessanten Brauch der Breslaver Chassidim erfahren, fanden es aber besonders aufregend, Themen zu entdecken, die in unser Alltagsleben eingegangen waren: *Hitbodedut* (Isolierung), Naturferne und Natursehnsucht und das Gebet an der frischen Luft, außerhalb der Synagoge. Auch der Begriff *Tikkun* (Reparatur), der in der Ausstellung in seinem physischen Aspekt wie auch in seiner psychischen, persönlichen und kommunalen Ausprägung behandelt wird, erhielt besondere Bedeutung: Die Pandemie hat uns allen vor Augen geführt, wie stark wir voneinander abhängig sind, welcher Stellenwert der Gemeinschaft zukommt und wie wichtig Mitmenschlichkeit und Solidarität dort sind, wo es darum geht, die Welt ein Stück besser zu machen.

Aus dem Hebräischen von Ruth Achlama

1 Der Aufsatz basiert auf dem Ausstellungskatalog: *Seated in Seclusion: Bratslav Hasidim and Contemporary Design*, Jerusalem 2020 und auf den darin enthaltenen Aufsätzen: Zvi Mark, »The Empty Chair«; Samuel Heilman, »Bratslav Hasidism: Finding Meaning in the Reconstruction of a Chair«; Bat-Sheva Goldman-Ida, »The Chair of Rabbi Nahman of Bratslav«.

2 *SichotHaRan* (Gespräche des Rabbi Nachman), 163, S. 115-116 (hebr.).

3 *Die Erzählungen des Rabbi Nachman von Bratzlaw*, übersetzt und kommentiert von Michael Brocke, München 1985, S. 139-159.

Seated in Seclusion

ZU DEN AUTORINNEN UND AUTOREN

NETTA AHITUV ist Journalistin bei der Tageszeitung *Haaretz* und schreibt vornehmlich über ökologische und soziale Themen. Sie hat einen Master in Umweltstudien von der Universität Tel Aviv.

TAL ALON-MOZES ist Landschaftsarchitektin und lehrt als Professorin an der Fakultät für Architektur und Stadtplanung des Israeli Institute of Technology, Technion, in Haifa. Sie ist Mitherausgeberin (mit I. Aue-Ben-David und J. Wolschke-Bulmahn) des Bandes *Jewish horticultural schools and training centers in Germany and their impact on horticulture, agriculture and landscape architecture in Palestine/Israel*, der 2020 erschienen ist.

JEREMY BENSTEIN ist promovierter Kulturanthropologe und Mitbegründer des Heschel-Zentrums für Nachhaltigkeit (Heschel Center for Sustainability) in Tel Aviv. Er ist Autor des 2006 erschienenen Buches *The Way Into Judaism and the Environment.*

NICOLAS BERG ist Historiker und arbeitet am Leibniz-Institut für jüdische Geschichte und Kultur – Simon Dubnow in Leipzig. 2020/21 vertritt er den Lehrstuhl am Martin Buber Institut für Judaistik der Universität zu Köln.

ARND BOHM (1953-2020) war Associate Professor am Fachbereich German Studies der Carleton University, Canada.

IRUS BRAVERMAN ist Professorin für Rechtswissenschaft und außerordentliche Professorin für Geografie an der University of Buffalo, SUNY. Demnächst erscheint ihr Buch *Wild Legalities in Palestine/Israel.*

MICHAEL BRENNER ist Professor für Jüdische Geschichte und Kultur an der Ludwig-Maximilians-Universität München und Direktor des Center for Israel Studies an der American University in Washington, D.C. Zuletzt erschienen *Der lange Schatten der Revolution: Juden und Antisemiten in Hitlers München, 1918-1923* sowie *Israel: Traum und Wirklichkeit des jüdischen Staates.*

GISELA DACHS ist Publizistin, promovierte Sozialwissenschaftlerin und Professorin am Europäischen Forum der Hebräischen Universität Jerusalem. 2016 erschien der von ihr herausgegebene *Länderbericht Israel* im Auftrag der Bundeszentrale für politische Bildung. Seit 2001 ist sie die Herausgeberin des Jüdischen Almanachs. Sie lebt in Tel Aviv.

ANAT FIRST ist Medienwissenschaftlerin und lehrt als Professorin am Netanya Academic College. Zuletzt erschien ihr gemeinsam mit Na'ama Sheffi verfasstes Buch *Ideology in the Wallet: The Role of Banknotes in Constructing National Identity.*

AVIRAMA GOLAN ist Autorin, Journalistin und Übersetzerin. Von 2012-2019 leitete sie das Center for Urban and Mediterranean Culture Bat Yam. Sie lebt in Tel Aviv.

TAMAR HERMANN ist Politologin mit den Spezialgebieten öffentliche Meinung und Staatspolitik, ordentliche Professorin an Israels Open University und Akademische Direktorin am Viterbi Center for Public Opinion and Policy Research am Israel Democracy Institute. Zuletzt erschien 2019 *Den Israel National Trail wandern* (hebr.).

YUVAL JOBANI ist Senior Lecturer für jüdische Philosophie und Erziehung an der Universität Tel Aviv. Zusammen mit Ron Margolin edierte er eine revidierte und erweiterte Ausgabe von Gordons *Mensch und Natur: Meditationen und Träume eines Radikalen* (hebr.), erschienen bei der Hebrew University Magnes Press, 2020.

URIEL KASHI studierte Judaistik und Erziehungswissenschaft und war als Bildungsreferent am Jüdischen Museum Berlin sowie an der International School for Holocaust Studies in Yad Vashem in Jerusalem tätig. Heute organisiert er als Reiseleiter Studienreisen durch Israel und arbeitet darüber hinaus als freiberuflicher Dozent und Autor.

YAEL KUPFERBERG ist Literaturwissenschaftlerin und Projektleiterin am Zentrum für Antisemitismusforschung/Forschungsinstitut Gesellschaftlicher Zusammenhalt der TU Berlin. Sie hat neuere deutsche Literatur in Berlin und Jüdische Studien in Potsdam, Tel Aviv und Philadelphia studiert und zum Thema *Dimensionen des Witzes bei Heinrich Heine* promoviert.

ERAN LEDERMAN ist Designer und Dozent in der Abteilung für industrielles Design der Bezalel Academy of Arts and Design, Jerusalem. 2020 kuratierte er die Ausstellung *Seated in Seclusion – Bratslav Hasidim and Contemporary Design* im Israel Museum Jerusalem.

ELLEN PRESSER studierte Biologie und Psychologie; sie ist Leiterin des Kulturzentrums der Israelitischen Kultusgemeinde München und Oberbayern. Publikationen: *Nur wenn ich lache. Neue jüdische Geschichten* (Mitherausgeberin) und *Ruths (Melcers) Kochbuch. Die wunderbaren Rezepte meiner jüdischen Familie* (Coautorin).

ROBERT SCHINDEL ist Lyriker, Regisseur und Autor. Er lebt in Wien.

PATRICIA SCHON lebt als Regisseurin und Autorin in Berlin. Zusammen mit Michael Melcer hat sie 2009 für das Jüdische Museum Hohenems die orthodoxen Juden in den Schweizer Alpen fotografisch porträtiert.

MEIR SHALEV ist ein israelischer Schriftsteller, dessen Bücher in 26 Sprachen übersetzt wurden. Zuletzt erschien auf Deutsch 2017 *Mein Wildgarten.*

NA'AMA SHEFFI ist Historikerin, die sich mit der Rezeption deutscher Kultur in der hebräischen und israelischen Kultur sowie mit Prozessen der

Nationwerdung in Israel beschäftigt. Sie lehrt als Professorin am Sapir College in Sderot. Zuletzt erschien ihr gemeinsam mit Anat First verfasstes Buch *Ideology in the Wallet: The Role of Banknotes in Constructing National Identity.*

HIZKY SHOHAM ist Co-Direktor des Zentrums für Kultursoziologie an der Bar-Ilan-Universität Israel, außerdem wissenschaftlicher Mitarbeiter am Kogod-Institut für Judaistik im Shalom Hartman Institute in Jerusalem. Zuletzt erschien *Israel Celebrates: Festivals and Civic Culture in Israel* (Brill, 2017).

JULIAN VOLOJ ist Autor, Journalist und Fotograf. Seine zuletzt erschienene Graphic Novel *Black and White: The Rise and Fall of Bobby Fischer*, die demnächst auch auf Deutsch erscheint, erzählt die Geschichte des Schachwunderkinds Robert Fischer, der sich vor seinem Weltmeistertitel 1972 in den Catskills vorbereitete. Voloj lebt in New York.

SHARON WEISER-FERGUSON ist Kuratorin des Jack, Joseph and Morton Mandel Wing for Jewish Art and Life des Israel Museum in Jerusalem. Zuletzt fand dort 2020 die Ausstellung *Seated in Seclusion – Bratslav Hasidim and Contemporary Design* statt.

YAEL ZERUBAVEL ist emeritierte Professorin für Jüdische Studien und Geschichte und Gründungsdirektorin des Allen and Joan Bildner Center for the Study of Jewish Study at Rutgers University, USA. Sie ist Autorin zahlreicher Publikationen, zuletzt erschien 2019 *Desert in the Promised Land.*

BILDNACHWEISE

S. 23: Theodor Herzl in Altaussee, August 1900, Foto: Austrian Archives / Imagno / picturedesk.com
S. 72: Blick vom Weissfluhjoch, Foto: Michael Melcer
S. 82: Die Synagoge B'nai Israel in Woodbourne, NY, Foto: Julian Voloj
S. 117: Simon de Myle, *Die Arche Noah auf dem Berg Ararat*, Gemälde, Öl auf Holz, 1570, 114 cm × 142 cm, Privatsammlung, Foto: Wikimedia Commons
S. 127: A. D. Gordon in Degania, Foto: pinterest
S. 147: Sonnenaufgang in der Negev-Wüste, Foto: mauritius images / Aliaksandr Mazurkevich / Alamy
S. 167: Kraniche im Agamon-HaHula-Park, Foto: mauritius images / Alamy
S. 184: »Bialiks Obstgarten« auf einer Banknote, Foto: Shutterstock
S. 191: Die Wilde Karotte (*Daucus Carota maximus*), Foto: www.biolib.de
S. 219: Seated in Seclusion, Foto: Eran Lederman